5G引爆教育革命

行业趋势+商业模式+案例分析+应对策略

李树平　刘陶唐◎著

電子工業出版社
Publishing House of Electronics Industry
北京•BEIJING

前　言
Preface

在这个时刻在变的新时代，技术就是人类教育进步的源泉。此前人工智能很神秘，而后随着大数据与云计算技术的发展，深度学习算法的演进，人工智能的发展速度也越来越快。人工智能逐渐开始从“神坛”上走下来，走进教育行业。而现在随着 5G 的发展，其与人工智能的结合将进一步推动教育的变革。

2019 年被人们称为 5G 商用元年，随着中国三大电信运营商（中国移动、中国电信和中国联通）及众多科技公司在教育行业进行布局，5G 与人工智能在教育行业的融合应用推动了智能教育的发展。5G 与人工智能的结合，变革的不仅是人工智能本身，大数据、物联网、云计算等技术都将在 5G 的支持下同步得到优化与变革。在 5G 的支持下，人工智能与更多技术相结合，从而加快技术创新和领域融合，人工智能在教育行业的应用前景也将更加广阔。

其实，智能教育的发展历史并不长，直到近二十年才突然开始火热，并逐渐成为人工智能的热门应用领域之一。2018 年，美国麻省理工学院宣布将投资十亿美元建设新的人工智能学院，预示着智能教育将迎来新的井喷期。而早在 1994 年的机器人灭火大赛上，智能教育就开始凸显出极强的发展态势，此后的 Robocup、WER 竞赛更是推动了智能教育的广泛普及。到了今天，人工智能已经与越来越多的教学活动融为一体。

在这段时间里，自适应系统完成了智能化的蜕变，教育机器人实现了智能化交流，VR/AR（虚拟现实/增强现实）等更多新技术在教育行业的应用创新了教学场景与工具。经过无数人不间断地努力，终于让智能教育行业开花结果。如今，智能教育产品已经随处可见，人工智能更是促使传统的应试教育转变为 STEAM（科学、技术、工程、艺术、数学）教育，并变革了教师的教学方式与理念。而新东方、好未来、科大讯飞、百度等众多涉足教育领域的巨头纷纷加入智能教育赛道，更进一步推动了智能教育的飞速发展。

如今，当学生在课堂上学习课本知识时，VR 课件可以带领学生通过虚拟实景动画直观地看到书中的世界；当儿童在家里无人陪伴时，智能教育机器人能够代替父母陪伴在他们左右；当学生厌倦了教师古板的授课方式时，虚拟教师将以有趣的授课方式让学生爱上学习。

在未来，人工智能与 5G、大数据、物联网等的深度融合将给教育行业带来更加深刻的变化。随着 5G、人工智能等技术持续融入教育，智能教育也能惠及更多的师生，它能为教育行业带来更美好的未来，使教育行业更具科技感与人文情怀。

目　录
Content

第1篇
智能教育：时代的召唤，未来的趋势

第2篇
智能教育创新教学场景与校园管理

第3篇 智能教育场景落地与智能应对

附录

第 1 篇

智能教育：时代的召唤，未来的趋势

第1章

初识智能教育

人工智能是一个快速发展的热门领域，它利用计算机来模拟人类的记忆、推理、思考、联想、判断和决策等行为，其丰富的成果已经得到广泛应用。笔者在做2016年全国教育科学规划课题（国家一般）《信息技术支持下乡村教师专业发展研究》（项目编号：BCA160055）时就发现，人工智能既对科学技术、工业生产和社会生活产生了巨大影响，也极大提高了科研、教育、医疗、能源、交通、社会服务及生活娱乐等方面的总体水平。人工智能也被应用到了教育领域，它有效地刺激了数字教育、网络教学、智能教育和个性化教育等方面的快速发展。

智能教育是未来教育领域发展的大趋势，在5G、大数据、云计算等众多新兴技术的加持下，人工智能加快了其在教育领域落地的脚步。随着5G技术的逐渐成熟，以5G网络为依托的智能教育也将变得更加智能、方便、高效。

1.1 智能教育发展历程

智能教育指的是人工智能在教育领域的应用，要了解智能教育，首先要知道什么是人工智能，本文会先从人工智能讲起。人工智能在教育领域的应用是建立在数字教育的基础之上的，数字教育的出现为人工智能在教育领域的应用提供了良好条件。同时，在5G等技术的助力下，人工智能将在教育领域有更好的应用前景。

1.1.1 什么是人工智能

人工智能（Artificial Intelligence，AI）是研究、开发用于模拟、延伸和扩展人的智能的理论、方法、技术及应用系统的一个新领域。其作为计算机科学的一个分支，主要应用于机器人开发、语音识别、图像识别等方面。

随着对人工智能研究的不断深入，逻辑学、心理学、生物学、仿生学、语言学都与人工智能学科形成了交叉，人工智能也因此发展为一门综合性学科。而随着大数据、云计算和5G在人工智能领域的应用，人工智能的应用领域也将极大地拓宽，人工智能在教育行业的落地应用成为现实，并在各种新技术的支持下产生出越来越多的应用成果。

在工业革命时代，机器替代人类的手工劳动；而在人工智能时代，机器将会模拟人类的智能劳动，将会出现像人一样思考的智能机器人，而它们都是通过不同的算法来运行的。算法反映人类的逻辑和思考方式，比如计算机通过算法能够反映人类的逻辑。人工智能能够实现由计算机代替人类书写文章、编写程序。

击败世界围棋冠军柯洁的人工智能机器人阿尔法围棋被围棋界认为，它的下棋能力已经超过人类围棋最高水平。阿尔法围棋的“双大脑”为比赛的胜利增加了胜算。“落子选择器”是阿尔法围棋的第一大脑，它会在整盘布局中找到最佳的下一步；“棋局评估器”是阿尔法围棋的第二大脑，它通过对整个棋局的把控，预测双方赢棋的概率，辅助“落子选择器”进行选择。阿尔法围棋的获胜展示了深度学习的威力，人工神经网络通过大量的矩阵数字输入和多层组织的链接，形成神经网络“大脑”，能够进行精准的数据处理和整合。这在一定程度上激发了科研人员研发人工智能程序的信心与热情。

人工智能共分为三种形态：弱人工智能、强人工智能、超人工智能。当前科研人员已在弱人工智能阶段取得了较大成就，但强人工智能和超人工智能还处于展望阶段。

1. 弱人工智能

弱人工智能主要专注于单方面的人工智能领域。例如，阿尔法围棋就是弱人工智能的代表，它专注于围棋领域。

2. 强人工智能

强人工智能是在推理、思维、创造等方面能和人类相媲美的人工智能，能够完成人类目前从事的脑力活动。但是强人工智能对技术要求较高，当前还无法完整实现。

3. 超人工智能

超人工智能具有复合型能力，在语言处理、运动控制、知觉感知、社交沟通和创造创新等方面都有较为出色的表现。

当前人工智能的研发正处在由弱人工智能向强人工智能转变的阶段。在这个转变过程中，弱人工智能的发展面临诸多问题，一方面，基于人类大脑的精细度和复杂性，科研人员还有很多未知领域需要探索；另一方面，当前人工智能技术的逻辑分析能力较强而感知分析能力较弱，这也是需要科研人员解决的问题。

虽然从弱人工智能向强人工智能的转变并不容易，但可以预见的是人工智能，今后将继续沿着云端人工智能、情感人工智能和深度学习人工智能几个方向发展。

1. 云端人工智能

云计算和人工智能的结合可以将大量的人工智能运算转入云平台，能有效降低人工智能的运行成本，也能让更多人享受到人工智能的便利。云端人工智能在未来的医疗、交通、教育和能源等行业都将有突出的表现。

2. 情感人工智能

情感人工智能可通过对人类表情、语气和情感变化的模拟，更好地对人类情感进行认识、理解和引导，在未来能够充当人类的虚拟助手，辅助人类工作，也能与人类进行深入交流。

3. 深度学习人工智能

深度学习的灵感来自人类大脑的结构，也就是神经元的连接。科研人员通过模拟人类的神经网络同时植入生物结构性算法，让人工智能实现和人类类似的学习功能。

综上所述，人工智能的发展在未来会深刻影响人们的生活，云端人工智能、情感人工智能和深度学习人工智能，都将为人们未来的生活提供更多便利。

1.1.2 什么是智能教育

智能教育就是指人工智能在教育领域的应用。随着人工智能的发展，教育领域将会得到强有力的帮助。人工智能将会应用于教学及管理的各环节，也将会更加深刻、更加广泛地融入教育领域的方方面面。

智能教育的目标是为教育参与者，如教师、学生等，打造智能化帮手。智能教育不是人工智能和教育二者的简单相加，而是二者的深度融合。人工智能依据大数据准确计算学生的知识量、学科倾向、思维类型、能力潜质等，能够结合学习规律合理配置教学内容，促进学生的个性化发展，提升学生的核心素养。

当前，5G 网络的部署助推了人工智能在教育领域的应用。传统教育中以书本、教师为中心的教学模式，在互联网、信息终端日益发展完善的学习环境中越来越过时。而智能教育能够调整教育内容、变革学习方式、重组学习资源。

智能教育要求人的学习从知识的学习转变为知识获取能力的学习，目的是培养人的终身学习能力。智能教育会基于大数据的计算来认识教育的规律，也会收集个体“小数据”来发现学生的差异性，从而实现因材施教。

智能教育和此前的数字教育（即信息化教育）有何不同？此前的数字教育是教育手段的信息化，只是把教育过程中呈现、传输、记录的方式改成数字模式，并没有带来教育理念、教学模式和教学内容上的根本性变化。而智能教育在教学理念、教学模式和教学内容等方面有突破性的变革。

有人认为智能教育的发展将会使教育机器人取代教师，这种观点是不科学的。教育机器人主要负责教师工作中重复的机械式劳动，智能教育中的教师要转化自己的角色，做学生个性化学习的协作者。这就要求教师也必须是一个学习者。人才培养中教师的作用是十分重要的，这是对教师能力的要求，也是教育机器人难以替代教师的原因。

1.1.3 从传统教育到数字教育

人工智能在教育领域的落地应用并不是直接在传统教育的基础上进行的，从传统教育到数字教育的转变为人工智能在教育领域的应用奠定了基础。

过去，传统教育体系中某种程度上存在着重理论轻实践、重知识灌输轻思考等现象，这与现代社会的发展需求是不相适应的。现代教育坚持以人为本，注重因材施教，注重学生的全面发展，注重教育内容的开放性。

我国自20世纪90年代开始提倡教育信息化，并十分重视教育信息化工作。信息技术改变了传统的教育形态，使信息的表达和传递产生了质的转变，计算机辅助教学、远程教育、网络教学等使教学模式变得更加开放共享。

数字教育指的是在现代教育理念的指导下，运用各种新兴的信息技术，开发并合理配置教育资源，优化教学各环节，以提高学生信息素养为目标的一种新的教育方式。数字教育中所运用的计算机技术、多媒体技术是保证知识高效传播的有效工具。各种网络课程、数字图书、教学网站使学生能够更便捷地学习各种知识。

数字教育在发展的过程中，虽然提倡以学生为中心，但在事实上还是以教师为主导来进行多媒体辅助教学、远程教学等。总之，数字教育是对教育的某一环节进行了数字化变革，是给教学提供了一些先进的技术手段，在一定程度上提高了教学的质量与效率。

数字教育虽然只是对传统教育中的某些部分进行了变革，但这仍为人工智能进入教育领域打下了基础，使人工智能进入教育领域有了切入点。

1.1.4 从数字教育到智能教育

随着各种先进技术的发展和在教育领域的应用，教育也从数字教育升级为智能教育。智能教育将依托 5G、大数据、云计算、VR/AR 等先进技术，打造完整的教育生态环境。智能教育将通过移动端、个性化学习支持系统等实现以学生为中心的学习。

在智能教育的发展中，研究关注的重点在于技术的智能化。智能教育着眼于物的“智慧”，重视技术层面的挖掘，强调将技术融入学校、家庭等现实教学环境和在线教学、远程教学等虚拟教学环境中。

在智能教育的基础上，充分利用现代信息技术能够实现智慧化教学、智慧化学习、智慧化评价、智慧化管理等，能够提高学生的思维能力和创造能力。同时，智能教育能够培育大量高技能综合人才，为社会的发展和进步贡献力量。

智能教育除了要与5G、云计算、大数据等先进技术相结合，其发展也需要教育体制的优化和教育理念的创新与发展。这就对当下的教育理念和教育模式提出了要求。

一是要求教师要从知识传授者转变为学生知识的提供者和辅助者，学生也需转变，以更加积极主动的心态来进行自主学习。

二是要求教学要从机械的强化训练转变到重视教学活动的设计与引导，并适时对教学活动进行评价，以对教学活动进行干预，最终达到更好的教学效果。

三是要求教学活动中要支持多种学习方式的结合使用。

四是要求在教学活动过程中要重视“即时反馈与评价”。智能教育借助各种先进技术获取教育过程中的数据，依据精确的数据对问题精准定位，使评价由经验主义走向可信和有效的数据支持。

智能教育在各种技术的支持下将会获得更好的发展，其将会深入教育过程中的更多环节，同时也将会深入更多的地区。同时，智能教育的推广也会推动教育理念及教育模式的变革，使师生得到更好的教学与学习体验。

1.1.5 人工智能逐渐与教学活动结合

目前，大数据和人工智能在各行各业都有所应用，自然也包括教育行业。在大数据和人工智能的支持下，教育行业的许多应用已经进入“深水期”，教学模式正在逐渐发生改变。

从教学过程来看，以大数据技术为依托的人工智能系统可以使教育在授课、学习、考评、管理等方面变得科学化和智能化，如图 1-1 所示。

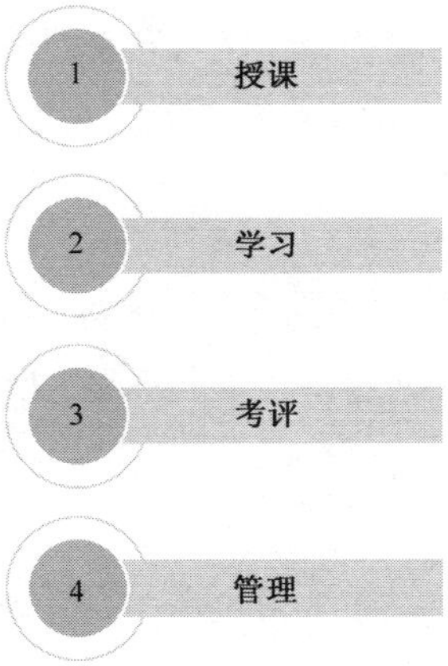

图 1-1 人工智能系统在教学中的表现

1. 授课

过去的学生接受的教育大都是“生产线教育”，一代学生应用同样的教材，一个学科由一个教师负责，并通过同一套标准来进行考核，个性化教学是那个时代的“奢侈品”。

而现在，人工智能系统能够实现自适应教育及个性化教学。在教学方式方面，教师拥有了更为多样的教学手段，在上课时不再只依靠一本教科书，而是可以调取大量的优质教学资源，以多种形式展现给学生。

例如，语音识别和图像识别在教学中的应用优化了师生的教学体验。教师可以将一句英语句子拍照上传到云端，系统会用合适的语气读出这句话。教师还可以在语音测评系统上输入这个句子，让学生跟读这句话，这样系统就会做出测评并为学生打分。

同时，VR/AR、大数据与人工智能系统的结合，能够很好地还原教学场景，让学生爱上学习，学习效果也能有质的飞跃。例如，谷歌通过引入 VR/AR 技术，使教学应用“实境教学”成为现实，成功地改变了课堂的授课方式。

在教学过程中，通过收集、分析学生学习过程中产生的数据，教师能够准确了解每个学生的知识点掌握情况，从而有针对性地为学生布置作业，达到因材施教的效果。

2. 学习

在学习过程中，学生可利用大数据技术根据知识点的关系制作知识图谱，从而制订学习计划。同时，数据分析技术可以分析学生的学习水平，并建立与之相匹配的学习计划，并由人工智能系统为学生提供个性化的辅导，以帮助学生高效学习。

例如，此前需要花费 2 个小时才能完成的课堂内容，也许其中需要掌握的知识点学生只需花费半个小时便可学会。而人工智能系统就可以评估学生的学习成绩，并有针对性地为学生推荐合适的练习题，在节约时间的同时，也能达到更好的学习效果。

同时，图像识别技术也可以提高学生的学习效率。学生可以通过手机拍摄教材或作业内容上传至人工智能系统，系统可以分析照片和文本，并显示出对应的要点与难点。这样的学习流程为学生的自主学习提供了更多可能性。

3. 考评

在传统教育中，考试与评价会花费教师大量的时间。而现在，人工智能和大数据在教育领域的应用，使得自动批改和个性化反馈成为现实。

在利用人工智能系统进行考评时，教师只需将试卷批量进行扫描，系统就可以实时统计并显示已扫描试卷的试卷份数、平均分、最高分和最集中的错题及其对应的知识点，这些信息能够方便教师对考试情况进行全面、实时的分析。

即便是对几十万、几百万份试卷进行分析，人工智能系统也能通过图文识别和文本检索技术快速检查所有试卷，并迅速提取、标注出存在问题的试卷，实现智能测评。

4. 管理

如果说学生更多关注“学”的部分，那么学校则需要在教学之外充分分析教育行为数据，以便做好管理工作。利用人工智能系统，充分考虑教务处、学生处、校务处等部门的管理需求，学校可进一步收集、记录、分析教育行为数据，更全面地了解教学的真实状态，有效推进教学信息化。

目前，一些学校已经建立了学生画像、学生行为预警、学生综合数据检索等体系，以便更好地分析学生在专业学习上的潜能，从而为学生提供个性化的管理方案。

例如，面对学生不同的选课需求，学校应该如何合理地排课？在尚未应用人工智能系统时，教师排课需要花费几周的时间，并且不能保证排课能够满足学生多样化的需求。而在用人工智能系统进行排课时，学生只需将自己的选课需求上传至系统，系统就可以整合教室与教师资源进行快速排课，这种智能排课方式有效地提高了排课的效率与学生的满意度。

大数据、人工智能在教育领域的应用才刚刚起步，未来，以大数据为依托的人工智能可以实现教育个性化，使因材施教、因人施教成为现实。

1.2 政策引导智能教育的发展

2018 年 1 月，教育部发布的《普通高中课程方案和语文等学科课程标准（2017 年版）》（以下简称《新课标》）正式将人工智能教育列入新课标。随后，2018 年 4 月，教育部发布的《高等学校人工智能创新行动计划》（以下简称《行动计划》）确定了人工智能在教育领域发展的目标和任务。

1.2.1 人工智能教育列入新课标

《新课标》将高中信息技术课程分成必修课、选择性必修课及选修课三种。高中信息技术课程结构如表 1-1 所示。

表 1-1 高中信息技术课程结构

类别	模块设计	
必修课	模块 1：数据与计算 模块 2：信息系统与社会	
选择性必修课	模块 1：数据与数据结构 模块 3：数据管理与分析 模块 5：三维设计与创意	模块 2：网络基础 模块 4：人工智能初步 模块 6：开源硬件项目设计
选修课	模块 1：算法初步 模块 2：移动应用设计	

从表 1-1 中可以看出，新课标将高中信息技术课程的必修课程分为数据与计算、信息系统与社会两个模块。选择性必修课程则依据学生升学、学习和发展的需要设计出 6 个模块，包括数据管理与分析、三维设计与创意等内容。而选修课程分为算法初步、移动应用设计两个模块。

相比于此前的课标，新课标减少了基本软件使用的要求，提升了在编程、算法等方面的要求及人工智能、网络安全等方面的要求。在 2018 年 9 月发布的新教材中，Word、Flash、Access 等软件的学习内容都已从信息技术教科书中被去除，而取而代之的是更有价值的 Python、NumPy 等新技术的学习内容。

其中，Python 作为热门的人工智能编程语言之一一直广受好评。目前，浙江、北京、山东已将 Python 语言编程纳入高考内容，同时，Python 已经进入山东省小学教材。新课标的这一次修订历时四年，前后有260多位专家参与修订。该修订方案已于2018年秋季学期正式实施。

人工智能课程在难度上划分了不同的阶梯，在安排上兼顾了理论和实践，以多种情景的方式提高学生的实践能力。

1.2.2 规定人工智能发展的目标和任务

《行动计划》明确了我国高等学校人工智能发展的三大目标和三大任务。

1. 三大目标

“到2020年，基本完成适应新一代人工智能发展的高校科技创新体系与学科体系的优化布局，高校在新一代人工智能基础理论和关键技术研究等方面取得新突破，人才培养和科学研究的优势进一步提升，并推动人工智能技术广泛应用。

“到2025年，高校在新一代人工智能领域科技创新能力和人才培养质量显著提升，取得一批具有国际重要影响的原创成果，部分理论研究、创新技术与应用示范达到世界领先水平，有效支撑我国产业升级、经济转型和智能社会建设。

“到2030年，高校成为建设世界主要人工智能创新中心的核心力量和引领新一代人工智能发展的人才高地，为我国跻身创新型国家前列提供科技支撑和人才保障。”

2. 三大任务

《行动计划》制定的第一个任务是“优化高校人工智能领域科技创新体系”。其中的具体举措有“推动新一代人工智能核心关键技术创新”“加强高水平科技智库建设”“加快建设一流人才队伍和高水平创新团队”等。

《行动计划》制定的第二个任务是“完善人工智能领域人才培养体系”。其中的具体举措有“完善学科布局”“加强教材建设”“加强人才培养力度”“支持创新创业”等。

《行动计划》制定的第三个任务是“推动高校人工智能科技成果转化与示范应用”。其中的具体举措有“加强重点领域应用”“推动军民深度融合”“支持地方和区域创新发展”等。

近年来，“人工智能+教育”的模式逐渐成为一种潮流趋势，而在它的发展方面，国家持续发力。2017年，国务院印发《新一代人工智能发展规划》，该规划提出：“大力建设人工智能学科，完善人工智能领域学科布局，推动人工智能领域一级学科建设，尽快在试点院校建立人工智能学院，并增加人工智能相关学科方向的博士、硕士招生名额。”

国家政策的大力支持为人工智能的发展提供了良好的宏观环境，也为教育的创新发展创造了机遇。

第2章
5G引爆人工智能+教育

人工智能在教育领域的落地和应用是一个循序渐进的过程，人工智能也将与多种技术深度融合，使当代世界变得越来越智能，也使智能教育得到更快、更全面的发展。而5G无疑是推动人工智能发展的强劲的加速器。2019年被人们称为5G商用元年，5G的部署和应用将会加速人工智能的发展，也会为智能教育助力，使广大教师和学生充分享受技术发展带来的“红利”。

2.1 5G赋能人工智能

5G与人工智能的结合将会使人工智能获得飞跃式发展。5G能够为人工智能提供高速率、低时延的网络，同时，5G的分布式核心网络和网络切片在人工智能中的引入，不仅可以有效扩大人工智能在教育领域的应用范围，还能为用户打造“私人定制”的网络。

2.1.1 5G的三大优势

5G拥有4G无法比拟的优势。5G具有高传输速率、大宽带、低时延等优势，这将使得人工智能在其功能、性能及应用领域等方面都会有较大的提升。

1. 高传输速率

高传输速率是5G最直观的表现，5G的传输峰值速率能达到10Gbps，而4G网络的传输峰值速率则为100Mbps，理论上5G网络的速率约为4G网络的100倍。

中国联通2019年4月在官网上公布的数据显示，中国联通和中兴合作的 5G 机型速率已经达到 2Gbps，在 5G 现实应用中速率也可达 200Mbps，网速远超光纤常用传输速率，下载一部 2 小时的高清电影只需不到一分钟。

2. 大宽带

人工智能应用在 4G 网络的支持下也能满足基本功能需求，但是当使用人工智能应用的用户变多时，随着云人工智能和边缘人工智能的连接需求的增加，4G 网络就会变得拥堵，进而影响用户的使用体验。而 5G 则可以为人工智能应用提供一个更宽的连接通道，5G 大宽带的优势能够在不影响用户体验的同时支持更多设备的接入。

3. 低时延

低时延是指从指令发出到指令被执行的时间将大大降低，这无疑会大大提升人工智能应用的准确性和可靠性。对于人工智能自动化操作而言，低时延的网络能够大大提高人工智能的运行效率，同时，在执行用户指令时，低时延的网络也可以极大地提升用户的使用体验。

在未来的人工智能应用上，传感器产生的大量的数据会被上传到云端进行复杂的运算。当前 4G 网络的数据带宽是不足以支撑其运行的，而 5G 网络的大带宽和低时延的优势就可以使海量数据的复杂运算与传输成为现实。

2.1.2　5G 核心网，基于服务的架构

5G 核心网位于网络数据的中央，负责对用户终端传输的数据进行处理，同时负责对用户的移动性和会话进行管理。4G 核心网主要包括 MME（移动管理实体）、SGW（服务网关）、PGW（分组数据网关）和 HSS（归属用户服务器）4 个网元，如图 2-1 所示。

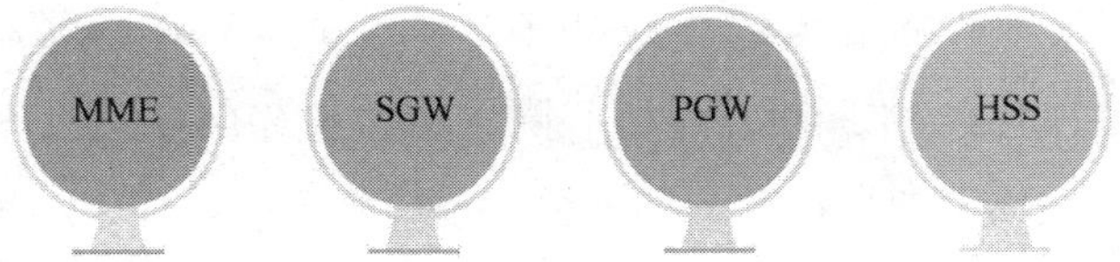

图 2-1　4G 核心网的主要结构

1. MME

MME 是 4G 核心网的重要网元，主要负责移动数据的管控、用户的传呼和智能终端位置的更新。例如，智能终端需要定时向 MME 报告自身的位置，其接入互联网也需要经过 MME 的安检，同时，智能终端调换基站的流程也离不开 MME 的管控。

2. SGW

SGW 负责数据的传输和分发，是 4G 核心网的数据中转站。

3. PGW

PGW 的功能包括会话和承载管理工作，以及分配网址等。

4. HSS

HSS 主要负责用户的移动管理、会话建设和访问授权等。

目前 4G 核心网的网络构架还存在明显的缺点，SGW 和 PGW 需要同时负责处理和传输用户数据，这种不同网元之间功能的交叉会降低数据管理的效率，导致传输与执行的延时。

而 5G 核心网与 4G 核心网相比，有了根本性的改变，这种改变体现在网络结构方面。5G 核心网采用的是 SBA 架构（基于服务的架构），SBA 架构拆分了网元的功能，网元的功能更加细化，能够满足更多的服务需求。同时，不同网元之间互不依赖、可实现独立自治。5G 核心网的网元包括以下几种，不同网元具有不同的功能。

（1）AMF（接入和移动性管理功能）：其主要包括注册管理、连接管理、流动性管理、合法拦截、接入认证、接入授权、监管服务和定位管理等功能。

（2）SMF（会话管理功能）：其主要包括建立会话、会话通道维护、IP 地址分配和管理、终止接口、策略控制、下行数据通知等功能。

（3）UPF（用户平面功能）：其主要包括分组路由和转发、数据包检查、用户平面部分策略实施、上行流量验证等功能。

（4）UDM（统一数据管理功能）：其支持用户识别处理、用户标识符隐藏、用户管理、短信管理等功能。

（5）PCF（策略控制功能）：其支持统一的策略框架，便于对网络行为进行管理，同时其为用户平面功能提供控制策略。

（6）AUSF（认证服务器功能）：其支持 3GPP（第三代合作伙伴计划）网络的接入和非 3GPP 网络的接入的认证。

（7）NEF（网络能力开放功能）：其支持网络能力和事件的开放。

（8）NSSF（网络切片选择功能）：其为用户选择网络切片实例集合并确定为用户服务的网络协议集合。

（9）NRF（网络注册功能）：其支持服务发现功能，同时能够维护可用网元实例和支持服务的网元配置文件。

5G 核心网的网元很多，其能够提供的服务也很丰富，同时，不同网元之间是独立运作的，有效化解了不同网元之间功能交叉的弊端，提高了网络运行效率。5G 核心网的网络运作模式更加自动化。

而依托 5G 网络运行的人工智能应用，则会在更加自动化的网络运作模式中提高自身的自动化，从而提升人工智能应用运行的效率。

2.1.3　5G 网络切片打造“私人定制”网络

网络切片是将物理网络划分成若干个虚拟网络，根据每个用户对网络服务的不同需求，如对于网络的延时性、带宽和安全性的需求等，将这些虚拟网络灵活划分，从而适应不同的网络场景需求。

简单来说，如果将网络比作车道，那么用户就是车辆。如果所有车辆都在同一车道上行驶，必然会造成交通拥堵。但是如果交通部门根据车辆的类型设置了非机动车专用道、机动车专用道、公交车专用道、快速路车道等不同类型的车道，那么交通拥堵的现象就能大大减轻。

网络切片就是根据用户的不同需求设置不同的网络通道，用户在观看视频时，系统通过修改参数为用户提供专属的5G网络服务，这样用户观看高清视频直播也不会卡顿。网络切片的“私人定制”服务，能够有效保证每一位用户的用网质量。

中国联通和华为共同推出了5G网络切片解决方案，应用于腾讯提供的高清视频网络平台，这将为用户带来更好的视频观看体验。对于4G网络系统的宽带不稳定、观看高清视频体验不佳等问题5G的网络切片技术都可以解决，其可以以端到端的数据传播形式，降低观看高清视频的时延，为用户提供良好的观看体验。

5G网络切片分为以下3种，如图2-2所示。

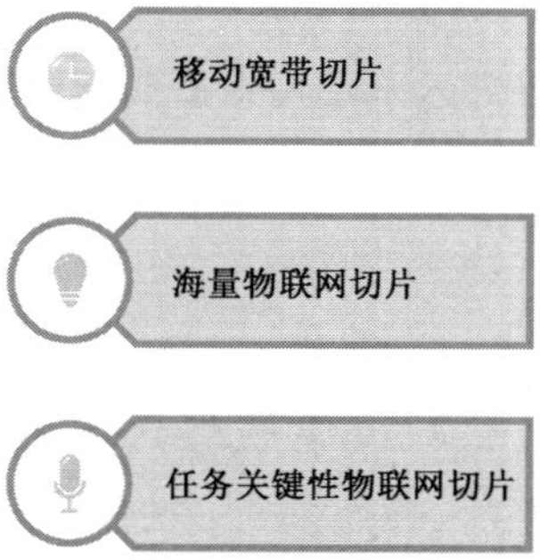

图2-2　5G网络切片的种类

1. 移动宽带切片

移动宽带切片提供高清视频直播、全息技术支持和VR/AR技术支持等场景的应用，这些网络场景对于网速的要求较高。

2. 海量物联网切片

海量物联网切片应用的场景较为广泛，主要用于智慧城市、智慧家居、智慧农业和智慧物流等方面。这些场景对网络的覆盖率要求较高，但对时延性和移动性的要求则没那么严格。

3. 任务关键性物联网切片

任务关键性物联网切片可以应用于无人驾驶和远程医疗等技术行业，这些场景对于网络的低时延和稳定性要求较高。

网络切片技术为5G提升速率、降低成本提供了更多可能，同时也为不同网络场景的搭建创造了条件。在这种情况下，依托5G网络运行的人工智能应用也会在灵活网络的支持下，运用到更多的教育场景中去。

2.2 5G支持下智能教育的突破

5G与人工智能的结合在推动人工智能发展的同时也会推动人工智能在教育领域的应用，从而使智能教育获得跨越式发展。5G将打破当前教育领域的技术壁垒，推动教育行业的变革，5G将与人工智能一起赋能教育行业，推动智能教育的发展和广泛应用。

2.2.1 5G 将打破教育领域的技术壁垒

5G 是能够为教育带来革命性影响的技术。随着 5G 时代的到来，其所提供的高传输速率、大宽带、低时延的优质网络，能够打破教育发展过程中诸多技术壁垒，主要表现在以下几个方面，如图 2-3 所示。

图 2-3 5G 打破教育领域壁垒的表现

1. 提升教育体验

5G 带来了传输速率、网络质量的革命，这会影响教育的体验。

5G 网络时延将减少到 10 毫秒以下，这能够使直播等教学场景更加流畅，从而更好地实现师生之间的实时互动。同时，低时延及大带宽也将推动 VR/AR 的发展，这使得 VR/AR 在教育中的应用更加多元化。场景教学、模拟教学、真人陪练等使学生能够在逼真的虚拟环境中感受真实的学习场景。5G 的普及也会降低 VR/AR 教育的成本，IDC（互联网数据中心）指出：“在教育市场，2019 年已经至少有 20%教育用户开始考虑 VR/AR 解决方案。”

2. 教育数据互通

在5G的支持下，未来的世界将会实现万物互联，这能够解决教育数据互联/互通不足的问题。

由于技术的限制，许多教育领域的人工智能应用对数据的采集只存在于终端，不同终端的数据之间无法互通，不同人工智能应用场景下的数据不能反映学校、地区、城市等范围内学生整体的教育情况。

而在未来，5G网络的普及使万物互联成为现实，教育领域的各种人工智能应用都将向着具备物联性的方向发展。万物互联能够使人工智能应用采集到更多的、更复杂的数据，在经过大数据分析后，使其能够全面了解学生及教师的情况。人工智能应用之间的互联互通使师生之间互动方式也更加多样和深入。

3. 打破人工智能发展的瓶颈

5G能够打破人工智能发展的瓶颈，使其获得进一步发展。

虽然人工智能已经在K12教育[1]、早教等领域实现了初步应用，但目前其仍处于发展的初级阶段。对于人工智能来说，其发展的瓶颈在于教育机器人的深度学习能力的提升。教育机器人具备深度学习能力，可以对数据进行筛选、整理及分析，并从中学习来提升自

---

1 K12教育是国外从小学至中学12年教育方式的统称。中国一些教育机构（企业）借鉴其方式，结合中国的特点形成了中国式K12教育的特点。本书中的K12特指后者。

——编辑注

己。然而在现在这个信息大爆炸的时代中，大量的数据处理对于教育机器人来说是比较困难的。

而5G就可以补齐制约人工智能发展的短板，提升教育机器人的学习能力和速度，推动人工智能的发展。在未来，人工智能有望依托5G实现深度融入教育领域并满足学生的个性化学习要求。

2.2.2 5G将推动教育行业的变革

目前，许多学校教室的电子设备仅能为教学活动提供PPT放映、视频播放和信息查询等功能，电子设备之间没有实现互联。而5G网络不仅可以实现人与人之间的通信，同时还能解决人与物或物与物的互联问题。

教育设备在教育变革中的最大问题之一就是设备之间的互联性问题，如果教室里的电子设备能够和图书馆里的数据资源互联、和学生的学习设备互联、和教师的教学设备互联，显然能够大大增强学习的互动性。

5G在教育领域的应用将会推动教育领域的变革，这种变革体现在三个方面，如图2-4所示。

1. 工具与技术的变革

5G在教育领域的应用将会推动教学设备的更新换代，陈旧的教学设备将会退出教育舞台，而一批与5G、大数据等技术结合在一起的人工智能应用将会在未来的教学活动中发挥重要作用。

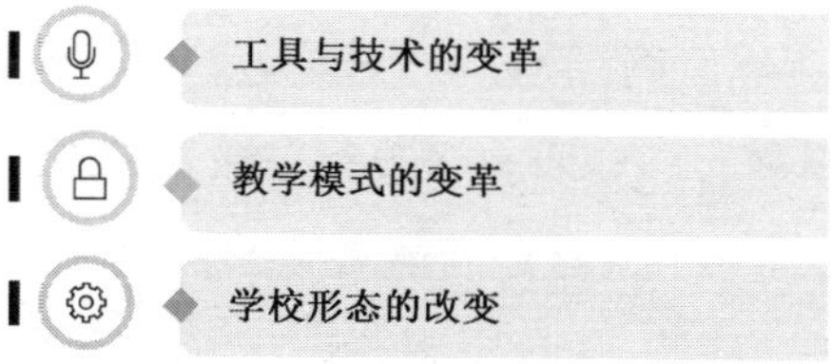

图 2-4 5G 变革教育领域的表现

2. 教学模式的改变

5G 在教育领域的应用将会改变传统的以书本为主的教学模式。如今，在线教育飞速发展，双师学堂也纷纷成立，这些都创新了教学的模式。在未来，随着 5G 与人工智能、VR/AR 等技术的融合应用，教学模式还将会发生翻天覆地的变化。在 VR/AR 等技术的支持下，教育将会打破时间和空间的限制，学生可以在任何时间、任何地点在逼真的或超现实的虚拟现实场景中进行学习。

3. 学校形态的改变

5G 在教育领域的应用还将推动学校形态的改变，将学校转变成新型的学习中心。

利用 5G 网络支持的教育资源获取的即时性、共享性，我们可以对学校进行重构，打通学校与学校、学校与教育机构、学校与家庭间无形的“隔断”，实现教育资源的深层互通。在这种情况下，利用 5G、大数据、人工智能等技术，可以建立全新的教育生态系统和全新的教育模式。

2.2.3 5G、人工智能赋能教育

长久以来，“互联网+教育”一直是教育领域发展的主要趋势，K12 教育、儿童教育、素质教育等都在深入发展之中。5G 与人工智能的结合将赋能教育，推动智能教育的快速发展。目前人工智能已经在批改作业、评测、排课、教学、陪练等场景里有所应用，5G 的加持则让人工智能应用场景更加优化，人工智能教室、人工智能教师等也随即出现。

2018 年 8 月，今日头条旗下的少儿英语 App aiKID 上线，其采用的是人工智能直播的教学模式，包括人工智能教师少儿英语项目“熊猫加加”、人工智能直播课堂“葡萄智学”等。在 5G 网络的支持下，aiKID 可以通过对大量的授课视频的视觉识别和语音识别来判断学生上课的状态，从而进行精准教学，满足学生对课程的个性化需求。

2019 年 3 月，华为云与网易有道共同发布了 DarwinPro 智慧教育系统，推进“人工智能+教育”解决方案落地。DarwinPro 智慧教育系统融合了网易有道在人工智能语言处理方面上的技术优势、数据优势和华为依托 5G 网络而具备的强大的云计算能力。DarwinPro 智慧教育系统能够为用户提供更智能的定制化解决方案服务。

2019 年 6 月，大疆创新推出其教育机器人“机甲大师 RoboMaster S1”。该教育机器人有 46 个编程控制部件、6 类人工智能编程模

块，支持低延时第一人称视角、Scratch & Python 编程、多种竞技模式及实践式新科学课程。

5G 与人工智能变革了科技创新的基础动力，智能教育的教学意义和价值越来越明显。5G 与人工智能的结合也将改变教育的形态，不断推动教育科学化发展和教育评价体系的重构，助推地区间教育均衡发展和教育质量提升。

另外，5G、人工智能赋能教育，在促进贫困地区共享优质教育资源中发挥着不可忽视的作用。

例如，中国移动正在快速推进"5G+人工智能+教育"的建设。截至 2018 年年底，中国移动帮助全国数万所中小学升级其校园网络，提升了其校园网络速率，为人工智能在教育领域的进一步应用打下了基础。此外，中国移动也在积极推广"5G 人工智能双师课堂"，通过 5G、人工智能与教育场景的融合，能够实现不同地区的学校同上一堂课，设法解决贫困地区孩子上学难的问题。

总之，5G、人工智能与教育的结合，能够推动更多智能教育解决方案的落地。这些智能教育解决方案将会深化 5G、人工智能等技术在教育领域的应用，创新教育场景，使未来的教育模式更加科学化和人性化。

2.3 5G 颠覆传统教育模式

移动通信技术的发展加速教育行业的变革。随着 4G 的发展和移动互联网时代到来，直播平台和新的教育机构应运而生，同时，BAT（百度、阿里巴巴、腾讯）进军教育行业，传统的教育模式受到很大冲击。

目前，5G 已经呈现出了良好的发展态势。随着 5G 在教育领域的落地和应用，新的教育模式将促进教育体制和教育方式的改革、创新与发展。

2.3.1 传统教学方式面临颠覆性变革

当前，人工智能在教育领域的应用已经对传统的教学模式造成了冲击，而在 5G 网络的支持下，人工智能会给传统教学方式带来更多颠覆性的改变。

过去的教学模式多为人与人之间的连接，教学以书本、教师为中心，教学模式为教师单向性传播知识、学生被动地学习知识，这在一定程度上制约了学生的学习主观能动性，也影响了学生的学习效率。而人工智能的行为感知技术可以收集学生的行为数据，包括读书习惯、兴趣方向、情绪波动等，并通过海量的行为数据分析学生的天赋、兴趣、发展方向等，从而为学生制定最合适的发展规划，实现因材施教。

在这个过程中，人工智能通过收集数据，从数据中分析并总结学生的学习模式，并预测学生的学习情况。但庞大繁杂的数据与数据的实时处理都给人工智能的良好运行带来巨大挑战，而 5G 凭借高传输速率的优势使人工智能能够更灵活地应用于教育领域。

5G 通过万物互联将会拓宽人工智能的应用场景。同时，5G 与人工智能的数据驱动源是一致的，都是自下而上的，这使得两者的网络能够很好地融合在一起。不论是人与人之间的连接，还是物与物之间的连接，都将自下而上地产生大量数据，这为人工智能的分析和运行提供了支撑。

在 5G 支持下，人工智能与物联网、大数据等融合发展，从而使其更准确地模拟人的思维方式，产生更多智能的应用。一方面，语言处理、自适应等功能可满足学生对于课程选择的个性化需求；另一方面，视觉识别、语音识别等技术会应用到学习的各个环节中，提高各环节运行效率。

总之，在 5G 的推动下，更多的智能应用会被应用到教学场景及教学管理中，人工智能在教育领域的应用也会更加深入。在此背景下，传统教育模式将面临颠覆性的变革。

2.3.2 内容用户端变化：打破传统教育时空限制

技术的变革会深刻影响内容用户端，5G 以其高速率、低时延等优势正在吸引越来越多的用户。许多国家都十分注重对 5G 的建设，并进行了相关研究及布局。在政策及技术支持下，5G 的用户也会不断增加，据预测，到 2023 年，全球 5G 用户将达到 10 亿人。

目前已有不少科技公司开始了对 5G 新业务形态的探索，英特尔将 5G 与 VR/AR 技术结合，并在体育产业进行探索；苹果以其手机系统占有率高的优势，鼓励开发者进行 VR/AR 应用开发，以期产生新的应用形态……

这种趋势预示着在未来，5G 必将对内容用户端产生深刻影响，也会革新教育方式，从而改变传统的教育模式。5G 带来的高质量的视频传输为在线教育提供了技术支持，而在线教育高效、便利、资源互通等特性，打破了传统教育地域、时间等方面的限制。

5G 与人工智能的结合会推动在线教育的发展。除了直播社群，VR/AR 等多形式的教育方式也会得到发展，为学生带来更好的学习体验。

教育重在“言传身教”，在线教育只有“言传”，没有“身教”，这是在线教育的缺失。而“身教”又是人们最重要的学习方式之一，要知道“环境”对学习效果的影响很大。很多在线教育并不能完全做到让学生真实地感知或理解知识，从而影响了学习的效果。这时，VR/AR 就展现出了它的优势，它能够让学生身临其境般感受逼真的教学场景，达到更好的学习效果。

VR/AR 教育的模式可以提高学生学习的兴趣，全方位调动学生的感官和思维去学习。学生不仅可以取得更好的学习效果，还可以获得更好的学习体验。

学生在任何地方都可以进行这样的 VR/AR 学习，在学习过程中可与教师进行有效的互动。这种新的教育模式打破了时间和空间的限制，使学习更加自由。

5G 与人工智能在教育行业的应用，不仅改变了学生的学习模式，同时也改变了教师的授课模式，在新的教育模式里，教师同样也是 VR/AR 在线教育的用户。随着在线教育的发展，传统的教育模式也会发生改变，学校可能会推出双师课堂，主体教学内容是国家或省市统一组织的专家制作的在线课程，传统教师可能会变为助教，辅助在线教学，为学生答疑并指导学生学习。

5G 与人工智能的结合将会变革传统教育模式，深刻影响内容用户端。其可为学生提供更灵活的学习模式，也可为教师提供更多样的教学模式，教育模式也因此革新。

2.3.3 感知变化：视觉体验的大迈进

视觉是人们获取信息的主要渠道，视觉边界的扩展往往带来认知边界的扩展。过去，我们曾利用望远镜、显微镜等诸多工具拓展了视野。现在，5G 在教育行业的应用创造了新的教育模式，为用户带来了新的视觉体验。

5G 高速的网络使得 VR/AR 设备有更高的工作效率，同时 5G 的低时延优势也可以降低设备成像的眩晕感，VR/AR 技术会在 5G 的支持下得到发展。

不同的视频画质在学习时给人的感受是不一样的，5G 将带来更好的视觉体验，使师生的感情传达和沟通更加及时，这会给在线 1 对 1 小班课及双师课堂带来发展机会。

5G 将带来授课方式的改变。现有的授课方式主要是以线下课堂教学为主，而在未来，授课方式将会变成线下与线上并行的方式。随着 5G 在教育行业的普及，我们可以将更多结合 VR/AR 技术的应用运用到教学环境中，为学生创造可交互的学习环境，提高教师授课的质量。

VR/AR 技术不仅可以为学生提供更真实、生动的学习环境，还可以节约教育成本、规避实际操作风险。在未来，虚拟校园、虚拟实验等都可能会实现。VR/AR 技术会激发学生的学习能力和创新潜能，解决一些教育难题。

VR/AR 技术与教学结合，依托优质教学资源，把抽象概念具体化，为学生打造沉浸式的学习环境。随着技术的发展和商业模式的成熟，VR/AR 教育在未来很可能会迎来爆发期。

2.3.4 成本变化：教育资源稀缺性减弱

什么是教育资源稀缺性？通常，我们认为优质教育资源是稀缺的，所以我们要努力获得这种资源，以获得更好的发展机会，避免被淘汰。因此，稀缺性教育资源的竞争是一场事关生死存亡的大事。

要想获得稀缺性教育资源就要具备一定的条件，例如学生所处的地域等，稀缺性教育资源的竞争是十分激烈的，并且激烈的竞争加剧了教育资源的稀缺性。造成这种现象的一个重要原因就是许多资源不可共享或者实现共享的条件难以达成。而 5G 在教育行业的应用带来的最主要的变化是实现了教育资源共享。

事实上，随着互联网的发展，教育资源共享已成趋势。互联网大规模、可复制的特点让更多优质资源共享到更多地区。而随着 5G、人工智能等技术的应用，在线教育的服务形式不断升级，新技术驱动的线上个性化教学是教育行业十分具有潜力的应用场景。

目前，已有教育机构对人工智能在教育领域的应用进行了探索，比如“作业帮”教育平台及其手机应用。当学生在选择课程时，作业帮通过智能分析，可以掌握学生的学习情况，并将学习能力和学习习惯相似的学生分配到一起。这使得课程更具针对性，提高了教学质量，也提高了学生的学习兴趣。

5G 在教育行业的应用尚处于初级阶段，多方合作，才能推动 5G 在教育领域的普及。

一方面，在线教育机构应主动与学校合作，依托 5G、人工智能等技术，帮助学校了解学生学习情况，帮助教师改善教学。同时，在线教育机构还可为学校和教师搭建平台，开放自身资源，让教师可以利用在线教育机构的技术优势，进行现代化、智能化方式的教学实践。

另一方面，在线教育机构需要在课程研发、教学等方面积极借鉴学校的经验。尽管在线教育机构具有一些技术优势，但在教育行业中，学校更有经验。通过借鉴学校的经验，在线教育机构可以提升技术应用的精度及效率，也可以更好地指导其未来的技术研发。同时，在线教育机构也能够借此了解学校和教师的需求，方便其进行产品和服务的调整。

在线教育机构与学校的合作会促进资源的共享和新的教育场景的产生，教育领域也会出现更多的5G应用。而随着新应用的普及，教育资源稀缺性就会减弱，教育成本也因此降低。

5G促进教育成本降低主要表现在两个方面。一方面，以5G为依托的在线教育实现了优质教育资源的更广范围的共享，人才、课程、设备等资源都可得到集中利用，提高了资源利用率，降低了教学成本。另一方面，以5G为依托的在线教育打破了时间和空间的限制，学生不必付出额外的交通与住宿费用，节约了教育成本。

总之，5G通过实现教育资源的共享，为更多的学生提供了相对平等的学习环境，使得教育资源稀缺性减弱，节约了资源使用成本和学生的教育成本。

2.4 5G带给教育市场的三个机遇

随着移动通信技术的快速发展，5G与教育行业的结合将为教育行业带来美好愿景。在创新的新教育模式中，教育行业在三个方面拥有巨大的市场机遇。

2.4.1 激活“VR/AR+教育”

随着5G时代的到来，由于移动宽带增强、高传输速率、低时延通信、大规模物联网应用场景拓宽，曾经许多难以实现的技术难点被攻克，推动了VR/AR在教育中的应用与普及。

在结合5G之后，VR/AR教育会扩展更多应用场景，主要表现如下。

（1）利用VR/AR技术可以创造出之前难以实现的场景教学，如地震等灾害场景的模拟演习。

（2）利用VR/AR技术可以模拟高成本、高风险的教学场景，如飞机驾驶、手术模拟等。

（3）利用VR/AR技术可以还原历史场景或三维场景，如还原史前时代、实现太空模拟等科普教学等。

（4）利用VR/AR技术可以模拟真人陪练，如学生可以在语言训练中与模拟真人陪练进行对话。

VR/AR技术可以将宇宙环境、历史场景等真实地模拟出来，满足学生的学习需求。通过虚实互动形式让更多的学生参与进来，让学生有充足的时间去思考和实践，培养其创新能力。

VR/AR技术在教育行业的应用，可以产生更多的教学资源，创造更多的互动内容，创新教学方式。沉浸式体验可以调动学生的学习积极性，让学生全方位地投入知识的学习中，让学生动起来、让课堂活起来。

1. 让课本知识活起来

VR/AR技术以国家课程标准为制定课程的基准，分学科、分章节设计课程内容。其模拟真实的内容并以三维形象呈现，让课本中的知识生动地展现在学生眼前，让课本知识活起来。

2. 学生思维活跃

VR/AR技术的沉浸式、交互式体验调动了学生的思维，能够培养学生的空间思维能力、感知运动思维能力和转化思维能力，提高学习效率。

3. 教师教学活跃

VR/AR技术改变了教师依靠笔和黑板的传统教学方式，教师通过生动形象的虚拟形象进行教学，丰富了课堂教学形式。

4. 课堂气氛活跃

生动的模拟场景使课堂变得活泼有趣。虚拟与现实、教师与学生的交互，加强了教师与学生的联系，活跃了课堂氛围。

5G 在教育行业的应用，带来了“VR/AR+教育”的市场机遇，其成功实现后也会为学生和教师带来更好的体验。但目前由于技术限制，VR/AR 在教育中的应用还很少，一些采用了新技术的教育产品普及程度也很低。而 5G 像是催化剂，会加速整个行业的发展。随着 5G 时代的到来，VR/AR 教育有望突破技术瓶颈，实现更好的发展。

2.4.2 深化人工智能应用场景

当 5G 与人工智能结合后，人工智能可以更好地与物联网、大数据等技术融合发展，数据采集会更加全面，算法模型也会更加优化。人工智能可以更好地辅助学生学习、教师教学和校园管理。

以学习为例，一方面，人工智能应用通过语言处理等功能可以帮助学生快速挑选其需要的课程，为其提供精准教学。另一方面，学生的学习体验也会随技术进步而提升，人工智能等技术会渗透到学习的每个环节，使学习过程中各环节效率都得到提升。

目前的人工智能在教育行业的应用是多样的，主要表现在以下几个方面，如图 2-5 所示。

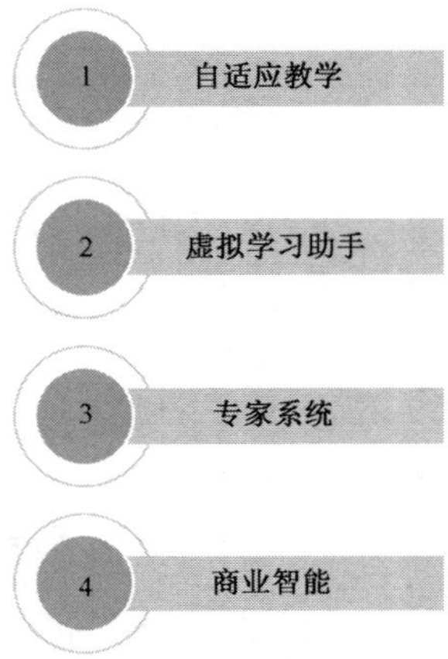

图 2-5　人工智能在教育领域应用的表现

1. 自适应教学

自适应教学就是将获取到的学生的数据分析反馈到知识图谱中，为学生提供个性化的课程、习题等，提高学生的学习效率。自适应教学与传统教学不同，传统教学通常以班为单位，教师的教学内容和进度安排都是统一的。而自适应教学以个人为单位，通过设置不同的学习内容和学习进度，使学生的学习具有针对性。

2. 虚拟学习助手

虚拟学习助手为学生提供虚拟助教和虚拟陪练服务。教育机构借助虚拟学习助手能够为学生提供更智能的服务，并且可以获得大量用户的数据反馈。

（1）虚拟助教

在教学过程中，助教的工作内容就是为学生答疑、及时告知学生课程安排等，这些工作多为简单重复的脑力工作，人工智能可以更好更快地完成助教的这些工作。

（2）虚拟陪练

课后练习对于学生学习效果的提升十分重要，因此虚拟陪练是很有存在价值的。不同的学习内容对虚拟陪练的要求也不相同，例如，在面对理论性学科的练习时，虚拟陪练需要对练习题中的知识难点进行解析，但对于与实践相关的练习，如艺术创作等，虚拟陪练就需要搭配智能硬件来完成陪练。

3. 专家系统

专家系统能够运用数字化经验、知识库，解决此前只有专家才能够解决的问题。专家系统有综合分析的能力，可以获取和更新知识。

4. 商业智能

教育机构的运营包括多个环节，如教学研发、推广招生、教学、客户服务等。这些环节都可以在人工智能的助力下提高其运作的整体效率。

教育的商业智能应用场景是多样的。如在教育相关的研发中，有教研体系、备课工具等应用场景；在推广招生中，有招生平台等应用场景；在教学环节中，有课堂辅助、作业批改、考试测评等应用场景；在客户服务中，有客户管理、班级管理等应用场景。

目前，教育机构在商业智能化方面通常有两个应用方向，分别是运营支持和学情管理。

1. 运营支持

人工智能在支持教育机构运营方面是十分可行的。人工智能可以从学生反馈、学校生态、家长、社会参与度这几个方面对教育机构进行评估，为教育机构制订有针对性的调查方案，找出教育机构的问题并提出解决方案。

2. 学情管理

人工智能可以更好地进行学情管理，为教育机构提供智能化教学方案，包括作业管理和课时学情分析等，教育机构和家长可以通过学情了解学生的学习状况。

目前，老牌教育机构和新兴的在线教育机构都有长期的人工智能应用方面的布局，涵盖了从学前教育到成人教育等各年龄段、各类型的教育，人工智能已经成为教育机构的标配。在5G的支持下，“人工智能+教育”正朝着更广、更深的方向发展。

2.4.3 教育装备产业升级

5G不仅解决了人与人之间的通信问题，也解决了人与物之间和物与物之间的互联问题。5G与物联网的结合，使教育装备产业发生了较大的改变，其产业升级方向主要有以下几个方面。

（1）硬件新材料化、低耗能化

（2）内容场景化、互联网化、IP化

（3）产、学、研资本融合

（4）中国东、西部教育集成化

（5）教育创新和研发化

（6）教育装备产业输出化

（7）教育装备产业国际化

因为技术限制，很多教育装备对数据的采集并不是很全面，数据之间也没有实现互通，不同教育装备的数据不能反映学生整体教育情况。而在未来，教育装备很可能会朝着研发物联性的方向发展。

当前的现状是，许多教育机构对5G在教育行业的应用保持乐观态度并抱有较大期待，但有关“5G+教育”的应用还处于探索前行的阶段。5G在教育领域会有广阔的发展前景，而要想实现5G在教育领域的广泛应用还有很长的一段路要走。

在这种形势下，推动5G与物联网结合，促进教育装备产业升级就成了十分必要的事情了，其发展对于5G在教育行业的应用具有重要意义。

因此，在教育硬件设备的研发上，教育机构应充分利用5G与物联网的优势，加快研发智能教育硬件产品的脚步，全力打造智能化、高性价比的产品，同时提高产品的物联性，使教育设备更加智能。

当前，教育机构应明确教育行业正在面临的机遇和挑战。如何利用新技术促进自身的发展，这是教育机构必须考虑的。在5G与物联网的发展中，只有抓住机遇，才会获得更好的发展。

第3章

5G下的智能教育已成趋势

2019年6月，中国5G商用牌照的下发，标志着中国5G规模化商业应用的开始，也将5G的发展推向了高潮。5G商用惠及社会的方方面面，自然也会引起教育领域的变革。

5G与人工智能的结合推动了智能教育的发展，在这种趋势下，三大电信运营商与众多的科技公司都在纷纷利用5G布局教育领域，力求在推动5G与教育结合的同时，使自身在这一全新的领域站稳脚跟。

3.1 三大电信运营商推进5G与教育的结合

谈到5G自然会谈到获得商用牌照的三大电信运营商。除了进行5G商用部署和产品研发，三大电信运营商也积极与多家公司开展了在教育领域的合作。

3.1.1 中国联通发布“5G+智能教育”行业应用

2019年2月，中国联通与中国信科共同发布“5G+智能教育”行业应用，宣布将通过中国联通5G网络的数据传输打造异地双师教学模式，以“5G+智能教育”的方案促进教育的均衡发展。

在发布仪式上，中国联通运用全息技术，搭载高速率、低时延的5G网络，为来自不同地方的学生带来了一场新颖的物理公开课，这是5G在教育领域的首次展示。

在发布仪式现场，位于福州的一位教师和位于武汉的一位教师共同为学生上了一堂名为“光与通信的奇妙旅程”的物理公开课。在福州、武汉两地，摄像头搭载着高速率、低时延的5G网络，全息信号可借助5G网络传输。通过“5G+全息投影”技术，身处异地的师生也可以实时互动，感受到十分逼真的教学场景。

此次“5G+智能教育”行业应用发布仪式通过中国联通 5G 网络的数据传输，实现了异地双师互动教学，实现了教育资源的共享。之后，中国联通将布局网络资源、研发 5G 应用、完善产业链等，以此支持教育事业发展。

同年 5 月，中国联通与网龙华渔教育携手打造了“中国联通 5G 创新中心 5G+智慧教育示范实验室”，致力于研发 5G 教育创新应用。未来中国联通将依托自身的 5G 通信技术，同时结合网龙华渔教育技术优势，包括全息技术、VR/AR 技术等，在智能教育领域开发新的应用方案和新产品，拓展新模式，促进方案试点落地及逐步推广。

3.1.2 中国电信与好未来合作开展 5G 教育

2019 年 5 月，中国电信与好未来达成了战略合作协议，双方充分发挥各自资源、人才和技术等方面的优势，在 5G 应用、双师课堂等领域展开合作，为未来的课堂打造高速、稳定的通信系统解决方案，加速 5G 在教育领域的落地。

在高速率、低时延、广连接的 5G 网络的支持下，科技教育领域将迎来广阔的发展前景。5G 网络使高清教学音视频能够实现实时传输，好未来双师课堂也可实现高清的远程直播教学和实时同步的沉浸式互动，更快速地将优质教育资源共享到偏远地区，促进教育的均衡发展。同时，5G 能够实现海量教学数据的实时传输，未来智慧课堂也可以通过多维度的、精准的实时在线分析，为学生提供更贴心的个性化学习服务。

在 5G 时代来临之际，中国电信与好未来的合作是探索“教育+科技”融合发展的一次尝试，双方将共同推进“5G+教育”的解决方案的落地，为教育现代化建设贡献力量。

3.1.3 中国移动发布“5G+智慧教育”行业应用

2019 年 7 月，中国移动在深圳举办“5G+智慧教育”行业应用发布仪式，该发布仪式以“5G 赋能教育，智慧点亮校园”为主题，并上演了一堂别开生面的异地同步的 5G 公开课。

在发布仪式上，分别身处深圳会场与北京会场的两位教师通过 5G 全息投影共同为现场的学生上了一节名为“彩虹的秘密”的公开课。学生可以利用 VR/AR 技术深入探究彩虹形成的原理，还可以在 5G 全息投影技术的支持下，接受异地名师的指导。

在课后的论坛环节上，来自多地的 7 名专家通过 5G 远程全息投影同时连线实现了评课分享。参加此次活动的教师和学生都表示，5G 远程全息投影带给了他们低时延的真实互动体验，有效地提高了教学和学习的趣味性。本次公开课展现了中国移动在 5G 应用方面的实力，同时，也彰显了 5G 对提升教育质量的助推作用。

为贯彻“教育强国”战略，中国移动正式启动了“5G+智慧教育”行动计划。中国移动提供“5G双师互动教学”“5G全息投影教学”“5G VR/AR沉浸式教学”“5G个性化教学”4类教学场景的应用，力求打造实时互动、沉浸式的跨区域远程教学模式。

此外，中国移动还提供校园管理、大数据管理的应用，力求创新智能化、数据化的校园管理模式。

中国移动在教育领域的布局显示了智能教育发展的趋势。未来，随着三大电信运营商各种应用方案在教育领域的落地，智能教育将获得更好的发展。

3.2 科技公司不断深化5G教育布局

除了中国移动、中国联通、中国电信三大电信运营商，众多的科技公司也在积极部署5G在教育领域的应用。华为与高校展开合作、中兴通讯打造了自己的5G教育平台、小米发布了人工智能学习机小爱老师，众多科技公司在教育领域的布局也深化了智能教育的发展。

3.2.1 华为加入智能教育赛道

除了教育机构和三大电信运营商依托5G在教育领域进行部署，华为、中兴通讯等互联网科技公司也纷纷加入了智能教育赛道。

华为云业务部总经理陶志强表示，5G 与人工智能、物联网、边缘计算的融合应用，将会使未来的教育有无限可能。全息通信技术，让我们的距离不再遥远。同时，借助于3D影像映射技术，可以让我们感觉到朋友、学生、老师近在咫尺，这将会给教育带来新的革命。

2019年3月，华为与中国移动、北京师范大学合作，在北京师范大学昌平校区开通首个5G基站。

利用5G技术，华为与中国移动、北京师范大学共同探索5G在教育行业的创新应用场景，将5G、人工智能等技术融入教学活动与教学管理中。在此次合作中，华为与其他两方加速开发双师学堂、VR/AR课堂、安全巡逻应用等，共同建设北京师范大学智慧校园。

其中，双师课堂将使用高清摄像机将授课端音频等多路数据通过 5G 网络同步到终端课堂；VR/AR 课堂则通过高清摄像机采集VR/AR视频，并利用5G网络来传输视频；安全巡逻应用可在巡逻过程中利用 360 度摄像机采集实时视频数据，并将其与校园数据库中的师生信息进行比对，利用云端的人脸识别分析精确地识别人员身份。

华为在教育领域的发力表明了其利用5G技术布局教育领域的决心，同时，华为等科技公司加入教育赛道，不仅会推动智能教育的发展，还会使得智能教育领域内的竞争更加激烈。

3.2.2 中兴通讯打造智慧校园

2019年5月，中兴通讯和大连理工大学签署战略合作协议。双方计划在5G教学、智慧校园等方面开展合作，以5G为基础建立实验室，提升科研教学水平，共同研究以5G为依托的智慧校园应用方案及应用建设，加快5G校园应用的研发，共同打造5G智慧校园。

目前，大连理工大学的校园建设已由数字校园转入智慧校园阶段。未来，在校园的业务与各种技术相结合的情况下，需要全新的信息与通信技术来支持更多样化的教学模式、科研协作模式和管理模式。而5G与人工智能、云计算、大数据等新兴技术的融合应用，使智慧校园业务创新成了现实。

在打造智慧校园的过程中，网络作为承接数据采集及数据传输的纽带，是建设智慧校园的基础。5G技术伴随着5G商用步伐的加速将贯穿智慧校园的通信系统，体现在数据感知、网络传输、校园管理等方面，成为智慧校园建设的新动力。

中兴通讯与大连理工大学的合作将在科研教学、远程视频互动、校园安防等场景一步步深化，探索5G和智慧校园应用的结合，推动智慧校园的建设和发展。

作为5G研发、应用的领先者，中兴通讯致力于5G核心领域的研发和投入。在智慧校园系统方案中，中兴通讯提供高速率、低时延和广连接的5G网络，广泛应用于教育领域的模组及终端。

同时，中兴通讯与全球百余家行业龙头签署合作协议，将5G、VR/AR，人工智能、物联网等技术充分应用于教育领域中，取得了丰硕的成果，并逐步在福建、辽宁等地与各高校开展了一系列合作及5G应用进校园的体验活动。

3.2.3 百度VR加速5G云VR教育场景落地

2019年5月，百度VR携手上海电信等与上海市愚园路第一小学达成合作。本次合作的目的是将百度VR教室与云VR、5G基础设施等相结合，以求实现在5G环境下进行VR授课。

5G云VR的落地需要有一条完整的5G生态链，包括运营商、通信设备供应商、内容供应方、云平台供应商和使用用户等五个环节。此次的合作以教育领域为落地场景，共同推进5G在教学中的实际应用。

1. 内容应用

百度VR为此次合作的内容供应方，其提供与课程内容、教材内容紧密结合的产品——百度VR教室。百度VR教室的课程内容包括自然科学、艺术创造、天文宇宙三类。百度 VR 教室可以高度还原现实世界的视觉效果、物理特性，同时还具有展示、操作的真实性，生动的、沉浸式的 VR 课程将给师生带来更好的课堂体验。此外，百度 VR 教室引入了大数据分析技术和人机智能引导功能，能够实现常态化教学。

2. 平台部署

云 VR 互动技术平台视博云为本次合作提供云 VR 技术。云 VR 能将高性能的计算从 VR 设备迁移到云端，再将处理结果回传到 VR 设备，这能够大幅提升画质与用户体验。云 VR 技术的应用降低了对 VR 设备的数据处理能力的要求，也降低了采购设备的成本。

3. 终端设备

拥有 VR 专利技术的通信网络企业诺基亚贝尔为本次合作的通信设备供应商，其提供了能够在5G网络环境下使用的VR设备。诺基亚贝尔的边缘云平台能够将各种 5G 需求转化为边缘云平台上的兼容服务。

4. 网络保障

VR 内容的传输对带宽和时延有非常高的要求，对此，上海电信能够提供大带宽、低时延的承载网。同时在校园网方面，上海电信通过智能组网建立千兆光宽的校园网络，为云端与设备之间的数据传输提供网络保障。

此次百度 VR 与上海电信、诺基亚贝尔等合作打造的 5G 环境下的百度 VR 教室的落地，将推动上海市愚园路第一小学教育信息化的进程。VR 技术进入教学环节也能够提高教学质量，让师生从中受益。

“教育+VR”一直是百度 VR 着力探索的领域。百度 VR 教室的课程现已在上海、浙江多所中小学成功落地，实现了常态化教学。未来，随着“教育+5G+VR/AR”的发展，智能教育必将常态化，从而推动教育领域的变革。

第 2 篇

智能教育创新教学场景与校园管理

第4章 智能教育创新教学场景

5G 与人工智能等技术在教育领域的应用催生了智能教育，而智能教育的智能性体现在教研、教学、测评、管理的方方面面。其中，智能教育与传统教育最大的不同之处就在于智能教育创新了教学场景，打造了教学的新模式。

4.1　智能教育催生教育学习新模式

在 5G 助推人工智能快速发展的大趋势下，人工智能将如何改变教学模式？5G 与人工智能支持下的智能教育将如何创新教学场景？在智能教育的教学模式中，线上与线下的教育场景将会被打通，沉浸式教学、自适应教学、远程互动教学等都会成为现实。

4.1.1　线上线下教育被打通

此前随着互联网的发展和普及，在线教育获得了发展的契机。借着互联网发展的新东方，VIPKID、掌门 1 对 1 等在线教育机构获得了快速发展。而在线教育发展到如今，由于技术受限，目前的在线教育在教学互动性、教学体验等方面还存在巨大的提升空间。

4G 网络在网络延时及稳定性、设备接入密度、网络带宽等方面都存在局限性。而 5G 网络高传输速率、低时延、大宽带等优势弥补了 4G 网络的不足。人工智能应用虽然可在 4G 网络下运行，但 5G 网络无疑会使人工智能应用更加流畅地运行，优化师生的使用体验。5G 时代的到来无疑会重构目前的教学交互模式，主要表现在以下几个方面。

1. 改善移动线上教学的互动性体验

在5G的支持下，直播教学的互动性体验将会大幅提升，视频可以通过5G网络实现高清、低时延的传送。低时延的最大优势就是可以实现课堂实时互动。

在当前教学模式中，线下教学体验更好的原因之一就是师生之间可以实时看到彼此的眼神和反应，而线上教学的延迟很难实现师生的实时互动。同时，目前的线上教学多为单向传输，学生只是被动地接受。而在未来，在5G网络的帮助下，师生双方可以在线上教学中实现双向互动。

2. 颠覆线下教学体验

5G网络除了改善线上教学，也将颠覆线下教学体验。在当前的线下教学模式中已经出现了互动答题等线上线下相结合的教学模式，但是在当前的技术条件下，这种教学模式需要教学场所提供额外的网络接入来保证课堂互动的质量。即便是在这种情况下，课堂的互动过程也不是很流畅，教学体验比较生硬。

而在5G网络普及之后，其大连接优势可以实现万物互联，各种终端设备和互动教学平台可以打造出教学体验闭环，推动线下教学的模式优化升级。

3. 打破当前教育模式中线上线下教学体验的壁垒

在5G的支持下，未来教育形态会发生变革，线下教育依托教育物联网，可以连接线上与线下，模糊教学模式的边界。在线教育难以解决的难点之一就是完课率不高，因为学生可能难以长时间坐在屏幕前。而在未来，可穿戴的智能教育设备可以让学生的学习打破时间和地域的限制，让学生更加快乐轻松地学习。

5G能够打破线上教学与线下教学的壁垒，这使线上教学与线下教学能够融合在一起，从而使教学模式更加智能，深化了智能教学的应用场景。而以上教学场景的实现，离不开基于5G的人工智能的应用。

4.1.2 智能教育将加速自适应教学

5G可以提高数据传输的速率，而人工智能能够解决各教学场景中的效率问题，二者的结合将有效地提高智能教育的智能性，使自适应教学成为现实。

目前，当教育机构研发产品时需要考虑将计算能力放在前端或是后端，而5G与人工智能在教育领域的应用就能够解决这一问题。教育机构不必再考虑数据传输量、计算容量的问题，所有的数据都可以瞬间被传输到云端并进行运算，产品的系统架构将被彻底改变。

例如，新东方依托人工智能建立了“教学管评测考练”，该系统可以实时记录新东方一千余个线下学校的上课状况、教师和学生的行为、学生的学习情况等，并将所有数据上传至云端，可供管理者随时查看。

在大数据、云计算、5G 网络的共同作用下，自适应教学得以发展。什么是自适应教学？自适应教学就是通过先进的技术手段了解每一个学生的学习情况，通过对学生的测试来调整学生的学习内容，通过对学生学习情况的不断测试和对学习内容的不断调整来实现自适应教学。

目前，自适应教学更多地体现在 1 对 1 授课模式中。实现自适应教学的前提是要了解学生全部的学习行为，但问题在于学生的学习行为是分散的，难以形成完整的记录，而 5G 网络可以降低捕捉学生学习行为的成本。

在 5G 网络的支持下，人工智能系统的感知和处理行为都是实时的，这会变革整个教育形态。在未来，每个学生只需要一个小小的智能设备就能够实现自适应学习。一个学生会有很多人工智能助手或人工智能教师，它们会记录学生所有的学习情况，并据此实时调整学生的学习内容，为其提供自适应教学。

在智能教育的不断发展下，未来线上的大班课也能够实现自适应教学。

当前线上的大班课存在的问题是在直播中教师会给上千名学生上课，学生能看到教师，教师却看不到全部的学生。而在智能教育教学场景中，人工智能系统可以捕捉学生上课的表情变化，对这些数据进行分析并把结果反馈给教师。这样，教师就可以了解学生对这个知识点的掌握情况，从而有针对性地调整授课内容，使教师的授课更加符合学生的学习需求。

4.1.3 智能教育激活 VR/AR 教学

5G 将推动人工智能与 VR/AR 技术的结合，这将创造出全新的教学场景，可极大地激发学生学习的积极性，提升学生的学习效率。人工智能与 VR/AR 技术的结合将为师生提供互动性的沉浸式体验，主要体现在以下几个方面。

1. VR/AR+课堂教学

在教学场景中，VR/AR 技术可通过沉浸式的交互方式，将抽象的知识变得形象化，为学生提供身临其境般的沉浸式学习体验，激发学生获取知识的主动性。

根据学科的不同，VR/AR 技术发挥的作用也不相同，主要包括三维物体的展示、虚拟空间的营造、虚拟场景的营造等方面的应用。

2. VR/AR+科学实验

在学校现有的条件下，有许多实验是不可能做的，如核反应实验，还有些实验是极其危险而不允许学生做的，如涉及放射性物质的实验。而利用 VR/AR 技术，这些在现实中难以实现的实验都可在虚拟现实场景中实现。

在教学活动中，许多昂贵的实验器材由于其价格难以被普及。而利用 VR/AR 技术可建立虚拟实验室，学生也可以在这个虚拟实验室中操作虚拟实验器材进行实验，也可以在虚拟现实中了解实验的结果。

虚拟现实场景中的实验既不消耗器材，也不受外界条件的限制，学生也可重复进行操作。同时，在虚拟现实场景中进行实验还具有安全性，即便实验失败也不会影响学生的人身安全。

除了能够在虚拟现实场景中进行一些现实中难以实现的实验，与 VR/AR 技术结合在一起的人工智能系统还可以精准地分析实验数据，帮助学生记录实验数据和计算实验结果。

在课堂中引入 VR/AR 教学后，能够很好地提高学生学习的兴趣和学习效率。其在课堂授课中的优势主要体现在以下几个方面，如图 4-1 所示。

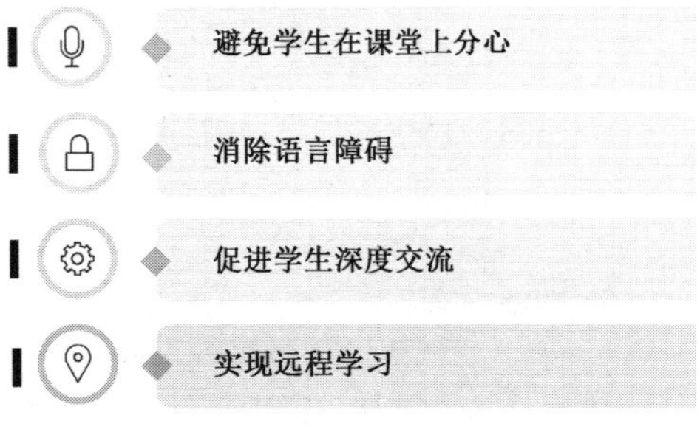

图 4-1　虚拟现实技术应用到教学中的优势

1. 避免学生在课堂上分心

在传统的课堂教学中，学生在课堂上分心是十分常见的事情，窗外的噪声、空中飞过的飞机等都可能会使学生分心，还有不少学生会在课堂上看手机或交头接耳等。而若将 VR/AR 技术用于课堂，这些问题便可以被解决。VR/AR 为学生提供逼真的学习场景，能够更加吸引学生的注意力，同时也有效减少了周边环境对学生的影响。

2. 消除语言障碍

在当今多元化的社会中，语言障碍会为学生的学习带来诸多不便。假如学生想与国外的教师沟通，可能就要掌握他们的语言，但借助 VR/AR 设备的语言翻译功能，学生就可以顺利地与国外的教师沟通。全息投影技术与 VR/AR 技术的结合能够轻松地将各国的名师“请”进课堂，为学生指点迷津。

3. 促进学生深度交流

学生在与其他学生交流时，可以在交流中不断加深对知识的认知，从而更好地掌握知识。通过 VR/AR 技术，不同学习方法的学生联系在一起，他们可以及时分享他们对事物的不同看法。这有助于他们借助分享观点进行深度学习。

4. 实现远程学习

有了 VR/AR 设备，学生能够随时随地进行学习，家里也能变为课堂。学生只要佩戴好 VR/AR 设备，就可以与同学及教师在虚拟空间里交流，这使得远程学习成为现实。并且，利用 VR/AR 设备，学生在家里也能获得如同在学校课堂上课的逼真的学习体验。

未来几年，VR/AR 技术在智能教育中的应用会更加广泛。人工智能与 VR/AR 技术的结合创新了教学场景，使教学场景在虚拟现实场景中得以实现。这使得一些在现实中难以实现的场景教学和培训等能够在虚拟现实场景中实现。学生的学习与教师的授课都打破了时间和空间的限制，同时，在虚拟场景中，学生与教师也能够获得更好的体验。

4.1.4 智能教育改变医疗教学模式

智能教育时代，5G 与人工智能结合的智能教学模式将改变诸多行业的教学模式，包括物理教学、化学实验教学、历史教学、医学教学等。其中，智能教育也会对医院医生的教学方式带来变革。

对于医生而言，不断更新自己的医学知识和技术是十分重要的。以往的医生若想要学到更先进的技术，就要参加各大医学峰会或者前往上级单位进修学习。随着信息技术的发展，现在的医生可以通过直播来观看其他医生的手术，并学习其操作流程。而未来在 5G 网络的支持下，直播的稳定性将得到提升，并且直播中的互动性也会提高。

医生为什么要观看手术？手术有很多不确定性，医生在观看手术时不仅要观看手术操作的方法，还要关注手术中出现的问题，了解其他医生在面对这个问题时是如何解决的。通过观看其他医生应对紧急事件的解决手法，观看直播的医生可以得到更多收获。

在此前的手术直播中，虽然可以实现手术画面的传输，但画面传输会存在很大的延迟，这样的延迟使得直播只能指导相对简单的手术。而 5G 可以将延迟控制在 10 毫秒内，这使得一些精细的大型手术可以通过直播来实现教学。

手术台上如战场，容不得半点马虎，因此对于医生的指导，尤其是对于基层医生的指导是十分有必要的。在智能教育时代，基层医生可以通过 5G 网络咨询远在异地的医学专家，同时在基层医生进行手术时，医学专家也可以通过 5G 网络实时指导手术操作。这样的手把手教学能够有效提高基层医生的手术水平。

智能教育时代打破了医疗教学中传统的师徒制模式，5G 网络为基层医生提供了许多学习的便利条件，拓宽了他们获取知识的途径。在这样的教学模式下，基层医生的眼界能够变得更开阔，他们能够学习到更多的新技术。

智能教育改变了传统的医疗教学模式，在 5G 与人工智能的支持下，医疗教学不仅能够打破地域的限制，还将实现异地之间的实时互动，为医生提供更好的学习体验。

4.2 教育机构纷纷变革教学模式

随着人工智能的发展，教育机构为追赶时代潮流，纷纷推出了新的教学模式。好未来推出了“双师课堂”，让学生更专注、更高效；学吧课堂以游戏化的自适应教学来激发学生的学习兴趣；魔力学院的智能教学系统以“人机互动”“知识能力量表”“思维标签”等功能，推动教育模式的变革；百度教育推出了百度教育大脑的升级版本，致力于为更多的用户提供更智能的教育服务。

4.2.1 好未来双师课堂：让学习更高效

传统的教学大多是这样一幅场景：一位教师在黑板前说个不停，听课的学生却昏昏欲睡。这样的教学更像是教师一个人的独角戏。

假如有一天，课堂上出现两位教师，一位教师在线讲课，另一位教师在教室辅导答疑。遇到这种新奇的授课方式，学生的学习效率会不会得到提高？或者学生会不会感到学习也是一件很有趣的事情？

两位教师授课实际上是一种被称为双师课堂的教学模式，它最早出现在职业教育领域，近几年才开始被推广到其他教育领域，且被越来越多的教育机构认可。例如，新东方推出“双师东方”全新教学模式；高思教育也与上百家机构开展了双师教学合作。在这样美味的“大餐”面前，教育巨头好未来也准备发展自己的双师课堂教学模式。

在发展双师课堂的过程中，好未来会在一定范围内试行双师课堂，确保教学质量及学生的学习效率。在试行双师课堂时，好未来会将重心放在如何让助教、教师及学生做好配合，以实现有效互动。

好未来的双师模式主要有两种模式：一种是只有双师课堂的校区，如通州校区；另一种是线下课堂与双师课堂并存的校区，如大钟寺校区。未来，好未来的双师课堂将以混合教学为主要的教学方式。

好未来的双师课堂有以下三个优点，如图 4-2 所示。

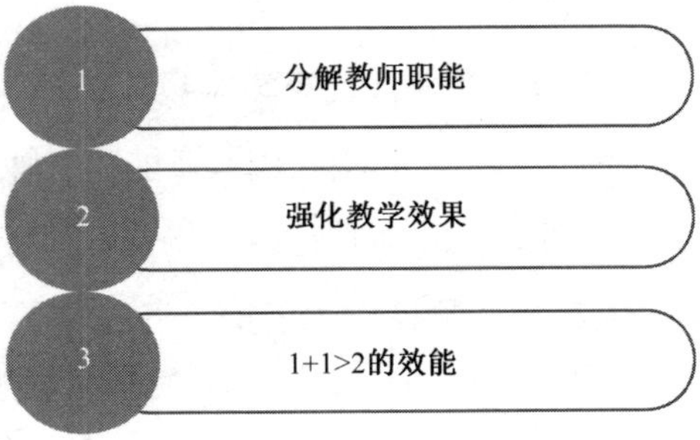

图 4-2　好未来双师课程的三个优点

1. 分解教师智能

双师课堂可以分解教师职能，让教师有更多的精力关注学生。

双师课堂即两个教师管理一个课堂，这能够让教师的工作得到细化，授课教师只需专心于教学工作，至于课堂的纪律及气氛则可以交给助教。如此一来，授课教师的精力就能集中在高效的教学上。

2. 强化教学效果

双师课堂借助云服务及专业视频终端等，可以实现名师共享。此外，通过各种互动工具，授课教师可以掌握课堂的教学进度，以便及时调整教学速度。

3. 1+1>2 的效能

双师课堂拥有 1+1>2 的效能。线上名师讲课配合线下助教的针对性辅导，能够最大化还原线下教学场景。在尊重学生学习习惯的前提下，配合各种高科技设备进行教学，能够有效激起学生的学习兴趣，提高学习效果。

好未来推出的双师课堂是其变革教学模式的一次尝试，目前，好未来已经推出了新项目“未来魔法校”来推广双师课堂，并已在其中融入了人脸识别等人工智能技术。在未来，随着 5G 网络的成熟和普及，相信好未来的双师课堂也能够在新技术的支持下获得更好的发展。

4.2.2 学吧课堂：游戏化的自适应学习

学吧课堂是一家专注于 K12 教育的教育机构，在人工智能快速发展的当下，为了引入新技术变革教学模式，也为了激发学生学习的积极性，学吧课堂将发力的重点放在了游戏化的自适应教学上。

游戏化的教学方式有两方面的优点：一方面，游戏化教学可让学生获得成就感，这体现在产品中，不同层次的学生在通过自适应题目训练后取得的分数相同；另一方面，游戏化教学可及时反馈学生的学习情况，而线下考核的检验周期长，且考核成绩不理想对学生的打击较大。

基于此，学吧课堂用游戏化的题库切入教学，学生以“完成任务”的方式做题并获得金币，类似许多游戏中的“打怪升级”。同时，题库中配备人工智能系统，能够根据学生此前答题的准确情况推送符合学生水平的其他题目，难度依次上升，以达到自适应教学的效果。

自适应教学的第一个优势是能够满足不同学生不同的学习需求。即便市场上的题库类产品有很多，但它们可能并不能满足学生的差异化需求。许多题库里面的题目都缺乏针对性，与不同学习阶段的学生难以一一匹配。而学吧课堂自适应题库就能够满足不同学习阶段的学生的差异化需求。

自适应教学的第二个优势是在自适应学习中学生能够清楚地了解自己目前的知识储备。学生在通过自适应题库做练习时会留下学习的数据，而人工智能系统通过分析学生的历史数据，能够实时调整题目类型和难度，确保题目推送的精准度。在学习过程中，学生能清楚地触摸到自己“能力边界”的题目。同时，学吧课堂研发的自适应题库是以知识图谱为基础的，而知识图谱可强化知识点之间的牵连关系，做到多种难度的无缝衔接。

人工智能精准的算法能够解决教学中“教”的部分的问题，却难以保证学生“学”的质量。为保证学生学习的质量和效率，学吧课堂将在未来推出更加智能的智能教师，并利用大数据与人工智能分析，为不同层次的学生量身定做学习方案。这些都将提升学吧课堂教学的科学性及智能性，为学生提供更加个性化的教育。

4.2.3 魔力学院智能教学系统：创新人机互动教学模式

运用人工智能变革教学模式一直是教育界的热门话题之一。5G、大数据及深度学习等技术的助力使得人工智能教育的应用实现了井喷式发展。而这其中魔力学院的智能教学系统就依托各种先进技术变革了教学模式。

在学生接受教育的过程中，优质教育资源的争夺战一直不曾停歇，但是事实上，优质的教育资源非常稀缺，不是所有的学生都能得到名师指点。而5G与人工智能给教育行业带来的变革之一就是能够打破优质教育资源的区域限制，实现优质教育资源的共享。

跟随时代发展的脚步，魔力学院依托人工智能打造了智能教学系统。在智能教学系统的支持下，魔力学院能够给学生带来新奇的学习体验，主要表现在以下几个方面，如图4-3所示。

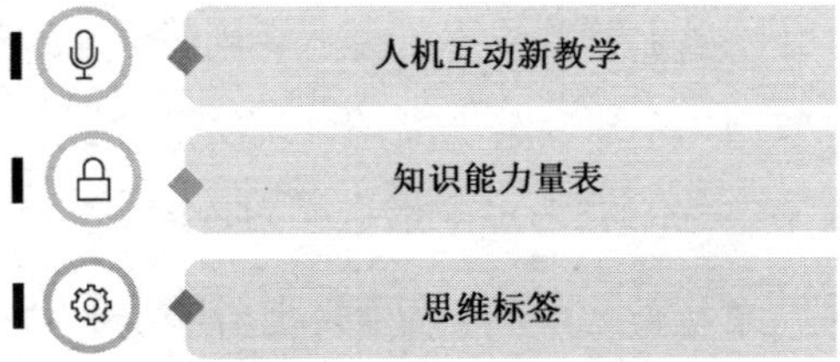

图 4-3 魔力学院的教学优势

1. 人机互动新教学

魔力学院提供的视频课程支持人机互动，学生可以在课堂页面上记录笔记。同时，在学习过程中，学生可自由选择测试时间，实时掌握自身的学习状态，相应地，系统会在学生学习过程中收集学生学习的数据，调整教学内容。

此外，这种人机互动的教学模式能够将一节课拆分成多个节点。当学生完成一个学习过程后，智能教学系统就能清楚地知晓学生对知识点的掌握情况，并通过设置不同难度的问题判断出学生当前的学习状况，从而进行精准推荐。

2. 知识能力量表

在学生学习过程中，智能教学系统能够依据收集到的学习数据生成各科知识能力量表。学生通过知识能力量表，可清晰地了解自己的学习情况。

3. 思维标签

思维标签是指智能教学系统将一道题目依据思维的层次划分

成多个步骤，引导学生解题的思维模式。同时，智能教学系统会收集学生的学习数据，并结合学生反馈，综合衡量学生的知识点掌握程度，最终依据学生的能力水平推送学习内容。

与其他互联网教育领域的产品不同，魔力学院从一开始就将教学模式变革的重心放在了人工智能的应用上，即直接用教育机器人替代教师进行讲课，然后再构建智能教学系统。许多业界人士并不看好这种做法，但是魔力学院之后的持续营收证明了这条道路的正确性。如今，在教育机器人教学方面，魔力学院已经走了很远，其已经发展成可以从教、练、测等多个角度提供教学的在线教育平台。

魔力学院的智能教学并不局限于GMAT（经企管理研究生入学考试），其还开发了适用于GRE（美国研究生入学考试）、考研英语等方面的教育机器人，帮助数千名学生在短时间内实现了出国与考研的梦想。

人工智能解决了教育资源的稀缺性问题，随着人工智能的发展和基础设施的完善，教育机器人将会普及到更多的地区，更多的学生能够受到更公平的教育。而这也是魔力学院研发智能教学系统与教育机器人的初衷。

4.2.4 百度教育：推出百度教育大脑

教育的智能化发展已成趋势，在这种潮流下，百度自然也不会错过智能教育的发展机遇，李彦宏曾这样重新定义百度公司：“今天的百度已经不再是一家互联网公司，而是一家人工智能公司，整个公司一切以人工智能为先，一切以人工智能思维来指导创新，人工智能是百度的核心能力。”

曾任百度总裁兼 COO 的陆奇也谈道：“我们正在进入人工智能的时代。人工智能的核心技术是通过数据来观察世界，通过数据来抽取知识，而这些技术对每一个传统行业都有很大程度的提升。”

2018 年 11 月，百度教育事业部召开发布会，公布了“百度教育大脑 3.0”。“百度教育大脑”以“百度大脑”为基础，并融合人工智能、大数据等技术，赋能多种教育场景，为用户提供智能教育服务。

“百度教育大脑 1.0”实现了内容数字化，“百度教育大脑 2.0”实现了内容结构化，而“百度教育大脑 3.0”则在对用户进行分析研究和应用先进人工智能技术的基础上，通过识别用户画像，为用户提供个性化服务。同时，“百度教育大脑 3.0”可以对第三方开放，帮助合作伙伴构建智能化教育产品。

同时，发布会上公布了一组数据，“百度教育大脑 3.0”包括了 2 亿多个文档、20 多万部正版图书、5 万多套有声读物、800 多万条优质音频及内容丰富的新课标学科资源。截至发布会当日，百度教育平台月活跃用户突破 7 亿人，其中教育平台会员突破 1000 万人。

百度教育大脑为什么会如此受欢迎？这与其强大的功能密不可分，百度教育大脑不仅开启了人工智能教育实验室，还极大地改变了传统教学模式，使课堂氛围更加活跃。

1. 百度教育大脑开启人工智能教育实验室

2018 年 9 月，百度教育大脑与北京师范大学及白洋淀高级中学联手共建了“雄安新区人工智能教育实验室”。该实验室以人工智能、大数据、物联网等先进技术为依托，提供人工智能教学、STEAM 教育和教师新技术能力培训等服务。

此外，2018 年 9 月，百度教育大脑在合肥建立了教育实验室，其目的是以人工智能为依托对教育进行升级、帮助安徽省实现智慧教育的目标。

2. 百度教育大脑让课堂“活”起来

知识无界限，但传统的教学模式无法解决教育资源不均衡的问题。如何让优质的教育资源实现共享？百度教育大脑能够十分有效地解决这一问题：百度教育大脑通过人工智能打通了共享渠道，让学生不受区域、年龄限制，更加方便地接触到全面的学习资源。

此外，百度教育大脑借助网络传播速度快、范围广等优势，实现了“何处有求知欲，何处就有课堂”，让学生可以在 PC 端或移动端随时学习，让传统的只局限于学校等教育场所的课堂“活”了起来。

第5章
智能教育系统打造智慧校园

在5G及人工智能的支持下，智能教育已经开始变革校园环境。在未来，校园将向着智慧校园迈进，各类智能感知设备将无处不在，各类智能技术也会不断创新。

教师、学生将融入无形的数据空间中。当学生踏进校园时就会自动完成签到；当学生离开校园时，家长也会及时收到通知。智能教育系统对学校的管理不仅表现在学生上课的学习过程中，更表现在学生校园生活的方方面面。

5.1 智慧校园：变革课堂管理与校园管理

与 5G 网络结合的人工智能能够创造一个智慧校园。学生上课的过程能够实现可视化管理，“云课堂+VR/AR 课堂”能够提高学生信息素养，“电子班牌+智慧监控”能够提高校园管理的安全性，“一卡通+智能手环”能够让校园生活便捷化，智能教育在校园中的这些表现会为校园管理和学生的校园生活提供极大便利。

5.1.1 5G+人工智能：可视化管理

在智慧教育管理模式下，借助 5G、大数据和人工智能等技术，智能教学系统能够实现对课堂、学生学习等的智能分析和可视化管理，主要表现在以下几个方面，如图 5-1 所示。

1. 课堂情感识别与分析

智能教学系统能够通过人工智能从学生课堂视频数据中分析课堂情感占比，分析学生的情感变化，并得出科学的统计与分析数据。教师通过这些数据可以了解自己的授课内容对学生的吸引力，并且能够了解学生的学习状态，从而调整教学进度和教学方法，提高教学效率。

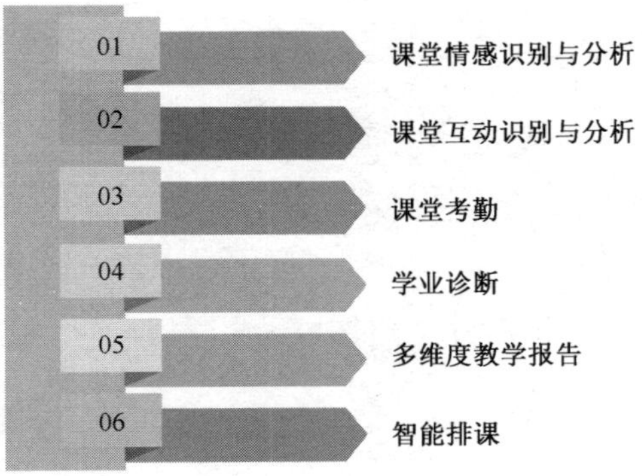

图 5-1　可视化管理的表现

2. 课堂互动识别与分析

利用语音识别技术，智能教学系统能够收集教师授课过程中师生互动的数据，记录学生的发言和教师的授课内容。通过对记录数据的分析，智能教学系统能够提取互动的关键词并对其进行标记，能够提取出能够活跃课堂氛围的正面词汇。这些关键词汇能够帮助教师提高课堂互动效果，提升学生的学习效率。

3. 课堂考勤

智能教学系统通过面部识别等技术，可以智能记录学生考勤。在传统的教学中，教师往往会通过点名的方式记录学生的考勤。但是，公共课等大班课学生众多，点名会耗费很多的课上时间，同时也难以避免代答的情况。而智能教学系统能够对学生进行面部识别，统计课堂的出勤率。面部识别记录考勤的方式节省了教师上课的时间，也提高了学生的出勤率。

4. 学业诊断

依托人工智能技术，智能教学系统利用线上线下相结合的测试方法，能够得出每个学生的评测结果、学业报告和独特的提升计划。同时，系统能够针对不同学生的不同需求准确推送学习资源，从而实现因材施教，帮助教师全面督导学生学习。

5. 多维度教学报告

智能教学系统能够针对不同群体类型，如教师、家长、学生等总结出多维度教学报告或学生成长报告。报告的内容并不是固定的，智能教学系统能够提供灵活可定制的数据分析方向，能够满足不同群体的分析需求。同时通过对学生历史数据的分析，智能教学系统能够形成学生个性化的个人成长档案。

6. 智能排课

智能教学系统能够利用人工智能分析出最优排课组合，能够整合传统排课和分层走班排课。同时，智能教学系统还能够结合学生的历史成绩、兴趣爱好等信息和教师的教学数据来智能排课。

通过以上几个方面的可视化管理，智能教学系统能够搜集学生上课及学习过程中方方面面的数据，并以此得出科学的报告和实现智能排课等。同时，智能教学系统所提供的数据还可以为教师的教学决策提供辅助参考。

5.1.2 电子班牌+智慧监控：提高校园管理安全性

智慧校园的智慧性不仅体现在教学过程中，同样也体现在校园管理中，尤其体现在校园的安全管理中。学生管理是一件很难的事情，除了为他们讲解相应的安全防范知识，教师还要随时关注他们在学校的动向。但是学校里的学生很多，教师却很少，教师很难照顾众多的学生。但现在，电子班牌与智慧监控的出现解决了这方面的难题，提高了校园管理的安全性。

电子班牌是校园文化建设的内容之一，也是学校工作、文化展示、课堂管理等实现智慧校园的应用载体。

电子班牌通常安装在教室门口，它可以展示班级信息，加班级活动信息、学校通知信息、当日课程信息等，将班级工作与校园管理完美融合。

在每天到教室后，学生可以在电子班牌上签到，教师则可以通过手机实时查看学生签到的消息。当一个班级想要组织活动时，就可以提前在电子班牌上查询各个教室的使用情况，并预订空闲的教室，实现资源的完美利用。此外，电子班牌与手机的联动还可以解决一些校园日常突发问题，如当教室的灯出现问题时，只要点开手机屏幕，就可以一键呼唤维修。

电子班牌是教育信息化的具体的体现之一，有利于学校提高校园管理的质量。一方面，我们利用电子班牌能够及时发布信息，包括课表、活动等；另一方面，电子班牌可以代替教师点到的考勤方式，使考勤管理更加智能。总之，电子班牌能够提高校园管理的及时性、有效性，提高教学管理的质量。

处于青春期的学生在处理问题时容易冲动，若因此引发了校园暴力事件，后果将是十分严重的。而调查结果显示，校园暴力经常出现在中午或课后等时间段。此外，一些学生缺乏安全意识，容易使自身处于危险境地，一些不法分子也可能会侵入校园等，这些情况都会给校园的安全带来极大隐患。

而以人工智能为核心的智慧监控系统就可以有效地规避这些风险。智慧监控系统会覆盖学校大门、学生寝室、食堂、办公楼等场所，它可以实现 24 小时监控，对发现的异常情况可以提前预警。其监控的记录也能保持一个月以上，便于分析取证。应急广播与信息公布系统遍布校内所有建筑，可在发生紧急情况时实现点对点喊话，确保消息传递到位。同时，该系统对于采集的数据还可以进行大数据分析，为未来的校园安全工作的开展提供依据。

智慧监控系统的主要功能包括以下几个方面，如图 5-2 所示。

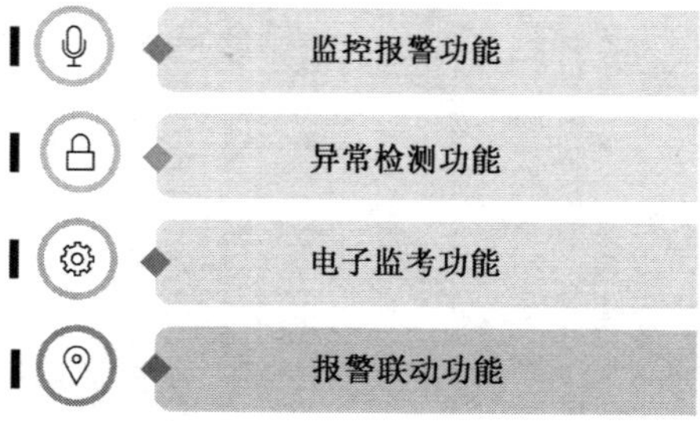

图 5-2　智慧监控系统的主要功能

1. 监控报警功能

智慧监控系统具有监控报警功能，校园门口、周边围墙、公共场所、学生公寓等区域遍布各种监控设备，能够实时向监控中心提供监控区域的信息。它是智慧视频监控系统中最基本的功能。

2. 异常检测功能

智慧监控系统具有异常检测功能，通过后台软件对服务器获取的信息进行分析，智慧监控系统能够对于非人员集中区域的人员密度突然增加或出入异常等情况进行及时报警，以便监控人员排查异常，防患于未然，防止校园暴力等事件发生。例如，当有人翻墙进入校园或有人在夜晚私自进入办公室时，智慧监控系统能够及时发现这些情况并进行报警，通知监控人员对该区域进行调查，辨别是否出现安全事故。

3. 电子监考功能

智慧监控系统具有电子监考功能，借助监控系统的视频传输，考场的监控人员可以查看学生考场的动向，以规避作弊情况的发生。假如发现作弊状况，系统可及时抓拍，保留证据，而考场若出现意外着火等状况，系统也能够及时报警。

4. 报警联动功能

智慧监控系统具有报警联动功能，监控区域装有烟雾探测器等设备，其和前端设备相连接。前端设备上有报警输入、输出接口，一旦有火灾等事故发生，报警设备就会被触发并将信息传递至监控中心，监控中心对事发地图像调查后依据情况进行处理，并通过广播疏散学生以降低事故损失。

电子班牌和智慧监控系统是建设智慧校园的基础手段，虽然在目前，无论是电子班牌还是智慧监控系统都处于实验阶段，但随着5G的成熟和其对人工智能的赋能，智慧校园中的各种智能应用都会获得进一步完善，最终形成一个实用的、稳定的、能够全面保障校园安全的系统。

5.1.3 一卡通+智能手环：校园生活便捷化

随着人工智能的发展，校园的信息化建设也在不断深入，其衍生出的一卡通与智能手环能够让学生的校园生活更便捷。

最早的一卡通虽然只是个饭卡，但给学生的就餐带来了极大便利，只需在感应器上轻轻一刷就完成了消费。而随着人工智能的不断发展，尤其是当智慧校园管理系统接入一卡通以后，将使学生的校园生活更加便捷。

此时的一卡通不仅是一张饭卡，它还是学生进入学校的门卡，同时在学生进出教学楼、图书馆、学生公寓等场所时，都需要这张卡来验证身份。它不仅给学生带来了便利，也保证了学生校园生活的安全。

此外，一卡通后台搭载的大数据技术可以让教学管理更有效地开展。如学生进入校门需要刷卡，其系统后台会将学生的进出数据记录下来，一旦学生行为出现异常，这些数据也会反映出异常，学校通过对这些数据的分析就可以了解学生的日常行为，对于学生出现的异常数据，学校也可以及时发现并及时解决问题。

除了一卡通，智能手环在校园中的应用也使得校园更加智慧化，其包含食堂就餐、图书借阅、考勤、健康体态测量等功能。

如今，大多数学校的健康教育手段缺乏，许多健康数据的获取仍处于人工测量阶段，难以做到大数据积累与分析，且缺少先进技术手段与系统平台支撑。而引入智能感知系统的智能手环就可以很好地解决这个问题，其能为学校提供学生的运动分析数据，包括学生位置，学生的心率、体温、血压等，从而定期对比分析学生的身体情况，向学生提供运动建议等。

一些学校借助智能手环建立了教学管理制度，能够使学生在差异化的管理之下有效地提高学习效率。例如，广州市真光中学利用智能手环建立了“走班制”教学管理制度。即学科教室和与教师是固定的，学生依据自己的学习水平与兴趣选择不同层次的班级。不同层次班级的课程不同，作业与考试的难度也有所差异。在该模式下，智能手环会记录学生的课堂考勤、课堂点评等模块的数据。根据这些数据，智能手环可以对学生的能力、性格等方面进行多维度的综合素质评价。

此外，郑州大学的学生研发了一款能够检验情绪的智能手环。该智能手环可以检测学生的皮肤电，同时能够收集学生的心率、运动情况及皮肤电等数据并将这些数据发送到绑定的手机上。之后，手机安装的配套 App 将分析这些数据并得出最终的数字结果。这些数字将反映学生当前的情绪：0～200 代表愉悦，200～400 代表高兴，400～700 代表紧张，700～1200 代表焦虑。当学生的情绪发生变化时，手机 App 也有相应的数字变化，并会给出相应的提醒。例如，当手机上显示数字超过 1000 时，系统会及时提示学生休息。

在智能教育中，对智慧校园的打造无疑是其发展的主要表现。未来将会出现更新的科技产品，学生会因此更加受益，智慧校园的建设水平也会进一步提升。

5.2 智慧校园的技术根基

智慧校园的技术表现在 5 个方面：大数据教学能够实现因材施教；智能语音系统将语音变为文字，提高课堂效率；机器视觉侦测学生注意力，充当教师的智能军师；游戏化教学平台实现交互方式新升级，实现了师生互动多元化；知识图谱技术让知识网更加密集开阔。

智慧校园的这5项智慧根基离不开通信技术的支持，一些技术在4G网络下虽说可以实现，但是5G网络无疑能够推动这些技术的进一步发展。5G网络能够保证更多数据的快速传输，同时能够有效降低指令被执行的时延，这些都能使大数据、智能语音等技术进一步优化，发挥出最大效能。

5.2.1 大数据教学：分析学生特点，做到因材施教

智慧校园的技术根基之一便是大数据教学，它可以依据学生的习惯与行为判断出学生的特点，从而做到因材施教。大数据最初被用于营销领域，企业通过大数据分析消费者的购买习惯，从而判断消费者可能要购买的商品，进而在消费者浏览的页面中推送其所关注的内容。它基于消费者过往的消费行为，预测同一个周期后消费者的消费行为。

《纽约时报》曾有这样一则新闻：美国阿波利斯市一位高中女生的父亲怒气冲冲地来到塔吉特超市，质问其经理。原因是塔吉特超市竟然私自向自己读高中的女儿邮寄尿布样品和奶粉折扣券。

这位父亲不断发泄自己的不满："你们是希望我的女儿怀孕吗？"当时，塔吉特超市的经理连连向女孩的父亲道歉，才使这场风波得以大事化小，并未引起后续的不良影响。然而事情在几天后得到反转，当塔吉特超市的经理再一次拨通电话表达歉意时，这位父亲却在电话中表示出极大的歉意并说他女儿确实已经怀孕。这件

事情由《纽约时报》报道以后，在网络上迅速传播并引发了广泛热议。

故事讲到这里也就告一段落，但塔吉特超市到底是如何做出这样神奇的预测的？原来，塔吉特超市建立了一个完善的消费者信息数据系统，并且还组建了一支强大的数据分析团队。

根据塔吉特超市建立的数据模型，当消费者的购买记录与准妈妈购买记录十分接近时，系统就会对消费者是否怀孕做出预测，并依据不同时期购买的物品，对消费者处于怀孕的哪一个阶段进行预测。然后塔吉特超市依据消费者的孕期阶段，为这些准妈妈们推荐相应的产品，并推送相应的优惠券，这也就解释了塔吉特超市向这位女高中生邮寄尿布样品和奶粉折扣卷的原因。

上述案例表明了大数据分析的准确性，而将该技术用于教育行业后，凭借着大数据分析可以让本来摸不清学生特点的教师拥有一盏照亮前方道路的“明灯”，实现智慧化教学。大数据教学有3个优势，如图5-3所示。

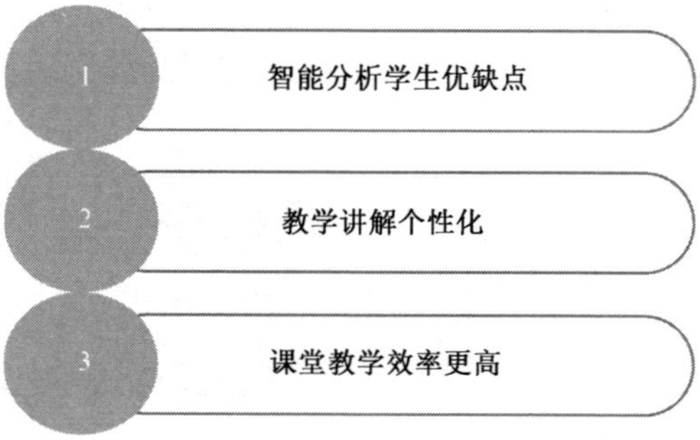

图5-3　大数据教学的3个优势

1. 智能分析学生优缺点

只有在充分了解学生的学习习惯后，教师才能够准确地把握学生学习行为的优缺点。即使是经验丰富的教师，也需要经过一段时间的观察才能了解每个学生学习行为的优缺点。而大数据技术能够根据学生的答卷状况，智能分析学生学习行为中存在的优缺点。这样，教师就能够据此采取有效的措施来查漏补缺，提高学生的成绩。

2. 教学讲解个性化

在教学过程中，只有充分利用教学数据，借助云计算进行深度挖掘，才能准确描绘学生画像，分析出学生的学习特点和学习需求，最终，才能够制订适合学生学习的个性化教育方案。利用精准的大数据分析，教师可以针对学生的特点做出更个性化的讲解，实现因材施教。

3. 课堂教学效率更高

精准的大数据分析能够为教师的备课提供科学的依据，使教师在备课、上课、课后完善等方面，都能够做到有理有序，最终提升课堂教学效率。

利用大数据分析实现精准教学是智慧校园在建设中教学智能化的重要表现。在未来，5G 的普及和发展将为大数据系统提供更好的技术支持。例如，在 5G 网络的支持下，大数据系统能够连接更多种类的传感器，收集更多的数据，以此能更全面、更准确地分析学生的特点。

5.2.2 智能语音系统：变语音为文字，提高课堂效率

智慧校园的建设离不开智能语音系统的支持。NLP（自然语言处理）技术是人工智能的一个子领域，NLP 技术及高精准的智能语音识别率使得教学语言转化为文字成为可能。

例如，在教学实践中，教师讲到的知识点可以被智能语音系统自动识别，转化为对应的文字。同时文字能够以板书的形式展现在电子屏幕上，这样就能够大幅提高讲课的效率。一方面，教师能够讲解更多、更有趣的知识；另一方面，学生也能够因此提高学习的积极性。

具体来讲，NLP 技术在教学领域有两个强大的效果。一方面，NLP 技术能够大幅提升阅读的效率。NLP 语音系统采用分级阅读模式，同时制定严格的标准对阅读素材进行等级划分。这样学生的阅读学习就会更有针对性、更加科学。

另一方面，NLP 技术能够有效提升学生的实验能力。这主要体现在物理和化学学科的实验中。NLP 语音系统能够科学分解实验步骤，并以流畅易懂的话语进行表述。这样，学生就能够根据指导出色地完成实验操作。在这样的实验过程中，学生的动手操作能力得到有效提升，同时也能使学生更加理解实验内容，从而提升自身

的学习能力。

科大讯飞是国内领先的人工智能科研公司，它的 NLP 技术十分强大，能够将教学语音流畅地转化为教学文字。另外，科大讯飞也一直致力于 NLP 技术的创新发展。现在，科大讯飞的 NLP 技术已经实现了多方面的突破，语音识别及语义理解的能力已经得到了大幅提升。在语音的情感把控层面、节奏律动层面及音质与音色层面，科大讯飞都做得非常出色。

2019 年 6 月，科大讯飞与中国移动联手推出的咪咕灵犀亮相世界移动通信大会，并为现场嘉宾提供实时转写和翻译服务。咪咕灵犀采用 NMT 翻译框架，整合网络机制和循环神经网络，并配有句式文法、关键字等机制，能够准确识别语音内容并根据语句习惯匹配文字，使句子的转化更为准确，能够表达出更好的翻译效果。

同样在 2019 年 6 月，中国移动发布了“5G+计划”，而 5G 智能语音的代表应用——咪咕灵犀也将迎来更好的发展契机。智能语音是人工智能领域人机交互最便捷的方式，在 5G 的推动下，人与物、物与物之间都可以通过语音来沟通，5G 的到来将推动智能语音的高速发展。

5.2.3 机器视觉：侦测学生注意力，充当教师的智能军师

机器视觉是人工智能的一个分支，即通过机器代替人的视觉进行测量与判断。它常被用于一些危险的工作环境或人工视觉无法满

足要求的环境中，其应用于教育领域则可以侦测学生的注意力，充当教师的智能军师。

如今教育行业的竞争日益激烈，在未来人工智能与教育机构之间的关系究竟会怎样？未来的教育市场是发展成 BAT 三分天下，还是十八路诸侯分攻不同领域各自为战？

2018 年 11 月，在“全球人工智能+智适应”教育峰会上，好未来集团副总裁蔡翔表示，未来的教育将是一个十分分散的市场，难以再出现一家独大的情况。他认为，在教育的不同的垂直领域里，都会有出色的领头企业出现。

同时，他还表示，人工智能在教育领域的应用具有非常广阔的应用前景，而表情识别是反映学生学习状态的指南针。好未来开发的智能视觉识别系统已经在很多教室与场景中得到应用，可以分析出学生在上课时注意力是否集中。

对课堂情况的分析结果可以作为教师调整教学的依据，如调整教学内容、教学方式、教学速度等。同时，根据课堂情况的分析结果，教师也可以在讲课时同时注意活跃课堂气氛，以便更好地激发学生学习的积极性。

同时，机器视觉除了可以抓取学生的表情，还可以捕捉教师的动作与语音，以此作为研发智能教学产品的依据。现在已经有不少教育机构开始尝试用机器视觉技术捕捉教师的动作、语音，并将其运用到智能教学平台、教育机器人等产品之中。

机器视觉的发展将推动校园智能应用的发展，这在智慧校园的建设中是十分重要的。更多智能应用的投入能够提高智慧校园的智慧性，越来越多的教学过程中与校园管理中的工作都可以通过智能应用来解决，这将有效提高教学管理与学校管理的科学性与效率。

5G 将促进机器视觉的发展。机器视觉分析的精准性建立在大量的数据上，而 5G 能够为大量数据的传输和分析提供高速率、大宽带的优质网络。在 5G 网络的支持下，机器视觉收集与分析数据的效率和精准性也将大大提高。

在未来，5G 的发展将为机器视觉提供强大的技术支持，5G 将加速机器视觉在教育领域的落地和普及。

5.2.4 游戏化教学平台：交互方式新升级，师生互动多元化

在教学应用层面，利用人工智能技术可以不断创新教学环境，通过互动教学的模式打造游戏化教学平台。游戏天然能够吸引学生的注意力，游戏化的教学模式能够让学生深入其中，能够激发学生的潜力。因此，许多教育机构都在试图创新教学环境，打造游戏化教学平台。

游戏化教学平台是有趣的教学平台，其游戏化特性体现在 3 个层面，如图 5-4 所示。

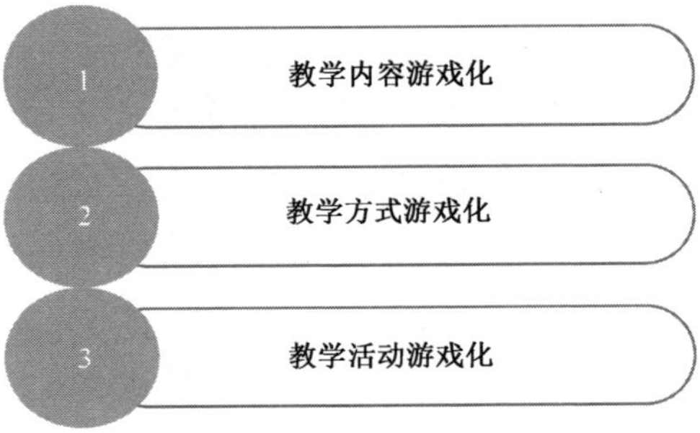

图 5-4　游戏化教学平台的 3 个层面

教学内容游戏化可以将枯燥的知识转变为有趣的学习内容，便于学生理解。教学方式游戏化就是通过游戏化的方式，例如竞争方式、合作方式、奖励方式等来激发学生学习的动力。教学活动游戏化就是通过各类有趣的教学活动巩固学生所学的知识，让他们能够学以致月。

游戏化教学平台能够让学生愉悦地获取各种各样的知识，会让他们感到学习是一件轻松有趣的事情。游戏化教学平台的目的是发挥游戏在教育中的价值，最终实现“寓教于乐”的教学目标。在智能教育时代，新型的游戏化教学平台能够使教学活动产生更多的乐趣，学生学习的积极性会更强。

好未来也正在开发新的人工智能教育平台，打造全新的游戏化教学平台。好未来的董事长兼 CEO 张邦鑫在谈及游戏化教学平台时，曾这样表示：“下一代机构是智能型，从大数据进化到人工智能。语音识别、图像识别、手写识别、语音分析等技术的发展，让机器模拟人来答疑、做服务成为可能，这类应用会越来越多。最初机器是用来辅助人工教学的，未来的趋势则是人辅助机器，而这个过程会一次次重塑未来的学习和教育。”

由此可知，各类教育机器人的应用能够增加教育的游戏性，提高学生的学习兴趣。教育机器人能够集中优秀教师的优点，让知识更加生动形象、诙谐有趣。另外，教育机器人的准备过程很充分，能够广泛搜集数据，并在此基础上，为每个学生提供个性化的学习服务。

游戏化教学平台也是智慧校园的重要组成部分，在人工智能等技术的支持下，未来的教学模式必将发生极大的变革，游戏化教学平台的建设和普及也是未来教学模式发展的趋势。同时，在未来，更高速、时延更低的5G网络也会赋能游戏化教学平台，在此基础上，与VR/AR等技结合的游戏化教学平台将创造出更多的教学新场景，让学生体会到更多的学习乐趣。

5.2.5 知识图谱技术：知识网更加密集开阔

知识图谱技术是人工智能领域的一项分支技术。搜索引擎、自适应教学、大数据分析等都与知识图谱技术密切相关。借助知识图谱技术，特别是利用数据采集、信息优化、知识计量及图形绘制等技术，可以让复杂的、隐性的知识清晰化、简约化。另外，知识图谱技术能够揭示知识的动态变化规律，能够为学习提供有价值的参考信息。

在未来的智慧校园中，学生能够利用知识图谱技术制订科学的学习计划，提高学习效率。知识图谱技术能够从 3 个层面提升知识的搜索效果，如图 5-5 所示。

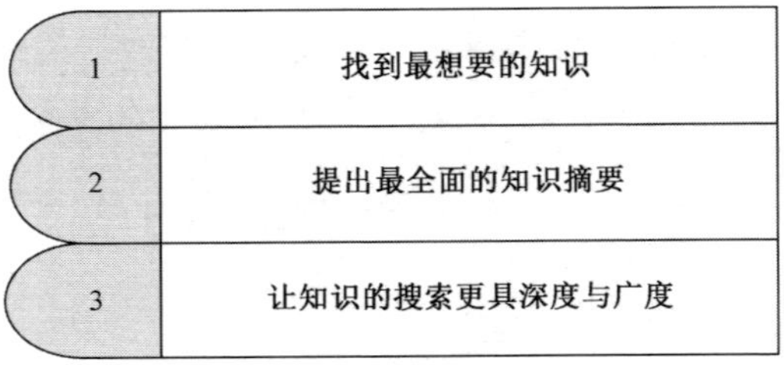

图 5-5　知识图谱提升知识搜索效果的 3 个层面

1. 找到最想要的知识

知识图谱技术能够帮学生找到最想要的知识。知识图谱的技术根基是搜索引擎技术。智能化的搜索引擎能够精准锁定关键知识点，以最快的速度帮助学生找到想要获取的知识。

2. 提出最全面的知识摘要

知识图谱技术能够提供最全面的知识摘要。知识图谱系统会为学生提供一个知识清单，让学生知道知识的层次与内在逻辑结构。例如，当学生在知识图谱系统中搜索“张国荣”这个名字时，不仅能够看到关于张国荣的“年事列表”，还能够了解到与他相关的各种人物信息。

知识图谱技术能够帮助学生了解知识的层次和脉络，当学生搜索一个知识点时，系统能够显示出知识点的详细内容和与之相关的知识脉络，便于学生理解知识。

3. 让知识的搜索更具深度与广度

知识图谱技术能够让知识的搜索更具深度和广度。例如，当学生在知识图谱系统上搜索“诗歌的分类”时，系统会智能地提供关于诗歌的综合信息。我们利用知识图谱技术能够构建一个相对完整的知识体系，所以学生总是会有意想不到的收获。

知识图谱技术在智慧校园的构建中起着十分关键的作用。随着通信技术的发展，5G 逐渐被普及，未来的社会将是万物互联的社会，同样万物互联也会体现在教育领域。这表明，将来教学与管理中产生的数据会大量增长，这时的智能分析就不仅是分析单个的个体，同时还要分析不同个体之间的关系，这时知识图谱技术就会体现出其极大的价值。

知识图谱技术不仅可以为学生构建完整的知识脉络，便于学生学习，还可以帮助教师了解学生目前所学的知识体系，帮助教师实现个性化教学、因材施教。

5.3 智慧校园案例

智慧校园是未来校园管理发展的趋势，在人工智能与 5G 快速发展的当下，不少企业已经走在校园管理变革的前列，积极地推出智慧校园管理方案。

5.3.1 好未来魔镜教学系统：提供智慧教室解决方案

机器视觉无处不在。在购物领域，有逐渐商业化的各类无人超市；在智能手机领域，有 iPhone X 的智能识脸解锁功能；在防盗安全领域，有各式各样的智能门锁。人工智能视觉为我们的生活带来了诸多惊喜，那么在教育领域，它又能够为教师和学生带来什么样的改变？

市场上的众多教育机构也都在进行新的尝试。好未来成功地将机器视觉技术应用在了教学中。好未来 CTO 黄琰曾表示：“好未来在探索人工智能与教育行业结合的各种场景时，出发点就是基于知识去寻找真实的需求，再用技术和行业数据形成人工智能模型，实现人工智能技术教育场景的完美落地。”

好未来率先将机器视觉技术应用于教学领域，并且打造了富有国际影响力的魔镜系统。2017 年 10 月在“砥砺奋进的五年”成就展中，好未来凭借魔镜系统引无数人围观。

魔镜系统是一款人工智能辅助教学系统。它的技术支撑是机器视觉识别与大数据技术。借助机器视觉技术，摄像头可以精准捕捉学生在课堂上的一举一动，最终智能地生成学生个性化的学习报告。

依据这些学习报告，教师能够实时调整教学方法与教学节奏，用最适宜的方式吸引学生的注意力，提高授课的效率。魔镜系统最突出的一点就是能够关注到每一个学生，这样教师就能够充分了解每一个学生的学习特点，能够更加具有针对性地开展一对一辅导。教师的辅导效率提升了，学生的学习热情也会高涨，学习能力也会得到提升，最终实现教育的个性化和人性化。

魔镜系统有 3 个层面的积极作用，如图 5-6 所示。

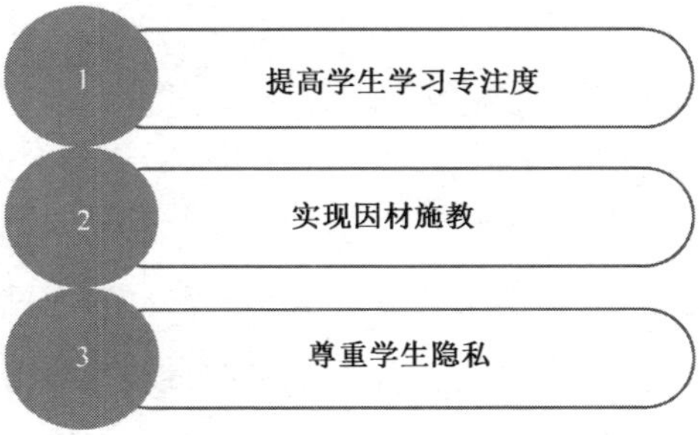

图 5-6　魔镜系统的 3 个作用

1. 提高学生学习专注度

魔镜系统能够判断并提升学生学习的专注度。魔镜系统不仅能够录制学生整节课的状态，还能够智能建模，描绘出学生在整节课内的专注度曲线。专注度曲线包括两部分，一部分是所有学生在整堂课上的专注度变化状况；另一部分是每一个学生各自的课堂专注度变化状况。

根据专注度曲线的变化状况，教师可以从宏观上制定讲课的策略。例如，教师可以在学生注意力最高的时段进行最有价值的知识点的讲解，这样学生才能够记得更牢固。或者，教师可以根据每个学生的学习专注度状况，有效地进行一对一辅导，提高辅导的效率。

2. 实现因材施教

魔镜系统坚持因材施教的理念。魔镜系统可以根据学生的上课情况判断出他们对知识的理解程度，然后再智能化地为学生布置个性化的作业。作业差异化、讲解差异化，学生的学习能力就会节节攀升，学习兴趣也会越来越浓厚。

3. 尊重学生隐私

魔镜系统能够尊重学生的隐私，展现教育的人性化特点。魔镜系统相当于潜伏在教室里的侦探，能够暗地侦察学生的课堂表现。这样不会改变学生的学习习惯，不会让他们感到紧张，也不会泄露他们的隐私。在科学装置的配合下，学生的学习环境将会越来越好。

5.3.2　阅面科技：人脸识别构建智慧校园

2017年《新一代人工智能发展规划》的出台使“人工智能+教育”上升为国家战略，在此之后，如何让人工智能更好地赋能教育，成为各大人工智能企业新的探索课题。在“人工智能+教育”领域，阅面科技将以人脸识别为重点的人工智能技术与校园管理进行深度融合，从交互、数据、服务等方向出发，打造出一体化智慧校园解决方案。

阅面科技将这一方案落地于银湖中学，这一智慧校园解决方案在硬件组成上包含人证核验终端、人脸识别摄像机、人脸识别多用终端、人脸识别速通门等设备；在软件组成上，其大数据管理系统包含智能宿舍管理系统、智能人脸门禁管理系统、智能考勤管理系统等模块。该方案旨在让先进的人工智能应用全面渗透到校园场景之中，从而解决学校管理面临的痛点。

例如，银湖中学此前的进出学校管理依靠门卫登记，访客、学生进出检查、证件登记等工作都由门卫完成，这就造成了门卫工作繁重、数据严重滞后等问题，给学校教务工作开展带来不便。同时，学校门卫一旦稍有疏忽就可能引发校园安全问题。而在引入阅面科技的人证核验终端、人脸识别速通门、人脸识别摄像机等人工智能产品以后，这些问题就能得到极大改善。

（1）人证核验终端：当家长探访学生，或有校外人员到访时，需刷身份证验证身份，并注册访客信息，才能刷脸通行。此举既改善了以往纸质登记方式的费时费力的情况，又便捷安全。

（2）人脸识别速通门：当学生进出学校时，需刷脸才能通过，系统能够随时记录学生的动向，并将信息发送到后台，使学校能够及时对学生的出行进行管理。

（3）人脸识别摄像机：学校依托人脸识别摄像机可建立学校的实时动态预警系统，以防外来不法人员潜入校园。

以上这些设备的使用极大地提高了银湖中学的事前预警能力及事后追溯能力，将实时数据与校园安全紧密结合，提高了学校管理水平，推动校园向数字化、智能化方向转型。

阅面科技表示，人脸识别正在受到越来越多学校的青睐，这是由于其在安全防范及智能化管理上体现出的巨大价值。如人脸识别技术识别精准度可达 99.99%，远高于其他识别技术，可弥补刷卡式门禁、指纹识别等的安全隐患。此外，人脸识别可收集以往的识别数据，方便学校对学生行为进行数据分析，促进学校向着智慧校园的方向转变。

目前，阅面科技已凭借其优质的解决方案及突出的产品优势，吸引了众多教育部门及学校的关注。例如，为了解决闵行区教育学院会务烦琐的问题，阅面科技以人脸识别多用终端+智能考勤管理系统，帮助该机构实现了“刷脸”开会。此外，阅面科技还与金山中学合作为其打造了智能教职工考勤管理系统、智能宿舍出入口管理系统等，与广西兴业县第四初级中学合作为其打造了校门口进出智能管理系统。

阅面科技推出的智慧校园解决方案之所以被众多机构认可，关键在于阅面科技拥有成熟的技术、优质的产品，能够为每个校园场景设计完善的智慧校园解决方案。

5.3.3 阿里巴巴打造钉钉未来校园

随着 5G、人工智能等技术的发展，其在教育领域的应用逐渐成为趋势，众多企业纷纷入局其中。阿里巴巴也在这股浪潮之下推出了自己的钉钉未来校园。

钉钉未来校园的教育解决方案将给现有的校园管理和教学带来哪些改变？主要体现在以下两个方面。

1. 刷脸进出校园，“软硬一体”打造智慧校园

在校园管理方面，钉钉未来校园将人脸识别技术融入校园管理中，并在重庆市铁路中学校成功落地。

重庆市铁路中学在钉钉的帮助下建立了智能门禁和智慧食堂。该学校此前采用的是 IC 卡道闸门禁，当学生忘带卡时只能借卡进出，而一旦 IC 卡丢失或被复制，校园安全就会存在隐患。

2018 年 9 月，重庆市铁路中学引进钉钉的人脸识别门禁系统，这些问题都迎刃而解。同时，当学生进出学校时，系统会通过钉钉向家长发送消息，让家长放心。此外，当学生在食堂买饭时也不再需要饭卡，钉钉和支付宝的结合使食堂实现了“刷脸支付”，这让学生用餐更方便。

2. 创新化教学深入校园

钉钉未来校园在教学上也有所创新，其在教学方面的智慧解决方案成功落地于重庆市火炬小学。在这里，钉钉提供了一种创新的

工作方式，让教学更简单、更快捷。

目前，火炬小学的校务管理工作已经完全转移到钉钉上，包括教职工日常办公的所有事情，此前校内沟通难和流程慢的问题都被解决。在钉钉中，群组沟通已读、未读十分明确，补充 DING 消息保证送达，请假申请能够实现在线审批，使得审批流程更加高效。

在家长与学校的沟通方面，云课堂与在线编辑同步，班级圈等家校应用上线，家长与学校沟通的流程更加顺畅。同时群直播等让家长能够参与到学生的成长中，实现了家校共育的教学模式。

许多学校通过钉钉推进了学校数字化、智能化。钉钉具有开放性、包容性，这给“未来校园”带来无限可能。在未来的发展中，随着各种先进技术的进一步融合，钉钉也将推出更加智能的教学模式和校园管理功能。

5.3.4 腾讯升级智慧校园平台

2019 年 10 月，腾讯召开全球数字生态大会成都峰会，在该峰会的智慧教育论坛上，腾讯教育发布了智慧校园 2.0。同时，腾讯教育紧扣智能教育发展的趋势，展示了其研发的腾讯人工智能教育体系。

腾讯教育根据不同教育阶段的特点，推出了可标准化、可定制化的智慧校园解决方案。此前腾讯教育发布的智慧校园 1.0 已经覆盖了 17000 余所学校。而后随着教育信息化的发展，智慧教育的诉求发生变化，智慧教育也朝着“互联网+教育平台”的方向发展。为此，腾讯教育推出了升级之后的智慧校园 2.0，其将以学习者为中心提供服务。

智慧校园 2.0 以数据为导向，以更灵活的模式为学习者提供完整的服务。智慧校园 2.0 可以通过微信、小程序、PC 端、移动端等统一数据标准并实现身份识别，能够将学校、教师、学生、家长等连接在一起。

智慧校园 2.0 的大数据平台打通了数据采集、数据整理、数据存储、数据计算整个流程，可重构教学数据连接纽带，创新教学模式。同时，搭载人工智能的大数据平台能够对学生的知识水平和综合素质水平进行整体评估，促进学生的自我改进和全面发展。

智慧校园 2.0 将物联网融入校园环境，让课堂变得更加智能，让管理变得更加便捷，让校园变得更加安全。此外，智慧校园 2.0 还提供多样的移动应用聚合服务。而自上而下的分级应用管理模式能够让学校体会到差异化的应用服务。

总之，智慧校园 2.0 是以物联网与人工智能为依托的智慧校园解决方案，能将各种服务、系统融合在一起，保证教学活动和校园管理的正常展开。同时，学校依托智慧校园 2.0 能够实现数据互联、多位一体，实现管理、教学的智慧化。

第3篇

智能教育场景落地与智能应对

第6章 智能教育与早教机器人

随着5G时代的到来，5G网络的高速率和低时延等优势成为推动人工智能发展的新动力。在5G的热潮下，各电信运营商、智能设备厂商和教育机构等都在积极布局教育领域。在5G技术的支持下，人工智能驱动的教育机器人也获得了快速发展。

智能教育时代，5G与人工智能将赋能教育领域的细分行业，教育机器人的发展将极大地变革这些细分行业。在儿童早教方面，早教机器人的发展将有力推动儿童早教领域的发展。

6.1 早教机器人发展态势

现如今，人们对于教育的重视程度越来越高，其中儿童的启蒙教育是十分关键的，在技术的助推和市场需求的刺激下，早教机器人得到了快速发展。早教机器人的陪伴，可以在一定程度上填补父母不能更多陪伴孩子的缺憾，并且智能的早教机器人也是儿童很好的启蒙教师。

前瞻产业研究院公布的《中国早教机器人行业发展前景预测与投资规划分析报告》显示，到2025年早教机器人市场规模将达到3000亿元。如今，各方资金逐渐流入早教机器人领域，使得早教机器人逐渐成为母婴产品市场的发展亮点。技术的助推、资本的投入等都将成为早教机器人发展的动力。

6.1.1 加速落地：5G网络加持

众所周知，在儿童成长的过程中家长的陪伴是十分重要的，但可能一些家长会因为工作忙等原因，难以做到儿童的全程陪伴。与此同时，以陪伴、教育、互动为主的早教机器人迅速进入人们的生活中，并成为大众消费品。随着5G网络的发展，其将极大赋能早教机器人，5G将加速早教机器人的落地和普及。

5G的超快网速能够让早教机器人随时对接海量数据库，为儿童提供服务，如为儿童讲述启蒙诗歌、小故事或与儿童进行智能语音对话等，5G与人工智能的结合让早教机器人更加人性化。

早教机器人能为儿童讲述知识，培养儿童的想象力，同时，儿童与早教机器人的互动也能培养儿童的动手、动脑能力。此外，在学习使用早教机器人的过程中，儿童不断想办法解决困难，也培养了儿童的独立思考能力。

早教机器人不仅能陪伴儿童，还能激发儿童学习的欲望。早教机器人将成为儿童成长中的智能启蒙老师，让儿童在寓教于乐中快乐成长。其强大的智能功能与语音识别系统能够让儿童轻松地与早教机器人进行交流，是家长教育儿童的好帮手。

对于早教机器人来说，5G融合传感器和其他先进硬件能够使其更加智能。未来的家庭教育是人工智能的时代，而5G则是智能教育发展的推动器。具有机器识别能力的早教机器人利用5G网络能够提供更高端的服务。未来，早教机器人将成为儿童成长中的智能启蒙教师，陪伴儿童健康成长，辅助儿童快乐学习。

6.1.2 如虎添翼：人工智能技术助飞

为使机器人行业发展得更加迅速，我国相继出台《关于推进机器人产业发展的指导意见》《机器人产业发展规划（2016—2020）年》等，并对人工智能研发给予大力扶持，这些都为早教机器人的发展提供了良好的政策环境。

“二孩”政策的实施带来了一轮“婴儿潮”，早教也因此受益加速发展。随着人们对早教越来越重视，早教也逐渐成为家庭教育不可或缺的组成部分。早教行业作为朝阳产业蕴含着巨大的发展潜力。2019 年发布的《中国早教蓝皮书》显示：“目前，我国早教市场一二线城市即将进入品牌竞争白热化状态，三四线城市将成为行业发展的主战场，预计 2025 年我国早教市场规模将突破 4500 亿元。”

早教具有广阔的发展前景，同时，早教机器人也将随着早教行业而获得同步发展。早教机器人的核心技术是人工智能，人工智能的成熟是早教机器人功能更加智能的关键。无论是场景陪伴，还是智能交流，其根基都是人工智能。人工智能将提升早教机器人的智能性，主要表现在以下 3 个方面，如图 6-1 所示。

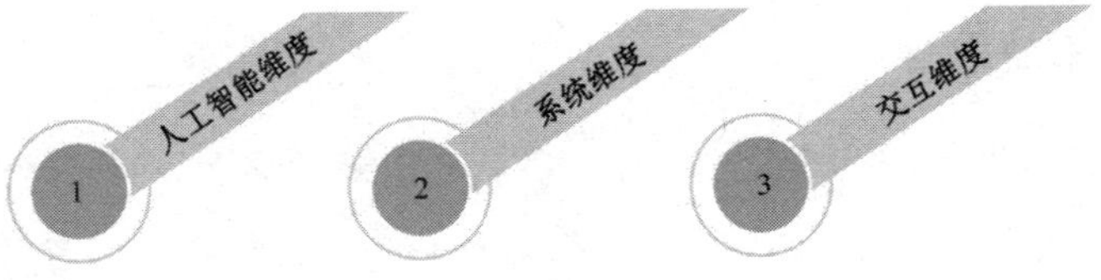

图 6-1　人工智能提升早教机器人智能性的表现

1. 人工智能维度

从人工智能的维度来看，机器人在很长一段时间内都被人们认为是一个“高门槛”的科技产品，而对于早教机器人产品而言，交互技术是其竞争力的核心。但就目前早教机器人的发展来看，当前早教机器人互动功能依然较为单一，对于儿童所传递的信息缺乏侦测、反馈等功能。另外，当前早教机器人多以视听方式输出信息，缺乏吸引儿童注意力的其他有效手段。

人机交互并不仅指对话方面，更多的是指互动方面，这一点常常被企业所忽视。在众多企业中，具有互联网科技企业背景的小帅机器人布局较早，且其在产品功能及服务等层面的投入较多。

小帅机器人搭载人工智能图像智能识别及语音交互技术，可以更有效地识别儿童所表达的话语，同时，它拥有云端海量知识库，可以同步教材、外语互译。在此之上，针对学幼龄儿童的学习需要，小帅机器人还推出了“绘本识读”等特色功能。小帅机器人自带的高清摄像头可精确识别绘本内容，实现“翻到哪读哪”。同时，小帅机器人电影级的声音输出，能够调动儿童手、眼、耳多维度协同学习，使儿童更加专注。

2. 系统维度

早教机器人作为教育类产品，其核心竞争力依然源于内容。对于早教机器人而言，其内容丰富程度和可延展性依托于系统平台。从系统维护成本考虑，假如使用小众操作系统，由于设计此类操作系统的公司一般实力较弱，当系统运行一段时间后，容易出现运行不流畅等问题。所以，选择一个低成本的大众操作系统更有利于人工智能的落地，让人工智能发挥最大功效。综合现有技术来看，融入了人工智能的安卓操作系统可以说是早教机器人的最优选择。

小帅机器人凭借安卓系统的开放性，实现了云端教材的不断更新，从而为人工智能的智能推荐提供了丰富的素材。同时，使用了安卓系统的智能早教机器人反应速度快，操作流畅，使用体验更好。

3. 交互维度

为了提升儿童对于早教机器人的兴趣，与儿童的交互功能是早教机器人必须具备且不断更新的功能。

为了实现机器与儿童的深度交互，小帅机器人安装了高清触摸大屏，能够在保障画面清晰的前提下降低对儿童眼睛的刺激。儿童通过语音指示可点播视频内容，例如，当儿童喊出“××动物”“××动画片”时，屏幕就会出现相应的图片或动画片。同时，小帅机器人还有百余种表情，以此来维持儿童对产品的兴趣。

作为早教机器人的核心技术，人工智能的不断发展是推动早教机器人发展的重要动力。人工智能的成熟推动早教机器人功能的成熟，也会使不同品牌的早教机器人更具特色。

6.1.3 打开蓝海：VR/AR交互创新交互新模式

目前的早教机器人类似于人工智能家庭机器人，融入了仿生模拟、智能声控、机器视觉等先进技术。而技术融入的目的就是让机器人能够具备更多的早教功能，同时在使用上更大限度地实现人性化。

而现在，另一种先进技术也被融入早教机器人中，使得早教机器人人机交互更加方便、更具趣味性，这种技术就是 VR/AR 技术。VR/AR 技术是一种实时计算摄影机影像位置并为画面加上相应视频、3D 模型的技术，其目的是在屏幕上实现现实世界与虚拟世界的互动。

VR/AR 技术能够更好地实现人机交互。对于当前的早教机器人而言，虽然其智能性被大大提升，但其还是一个机器人。VR/AR 技术能够有效地弱化早教机器人的“机器”属性，让其更加人性化。比如，当早教机器人说“I am thirsty”（我口渴了）时，儿童可以找到画着一杯水的卡片，放到早教机器人面前，早教机器人就会说“真好喝”。这样的交互方式会提升早教机器人的趣味性，使其更加人性化。

从早教学习的角度来看，儿童学习的学习效果在很大程度上取决于他们自己的学习兴趣。培养儿童的学习兴趣比让他们掌握知识更重要。

当前市场上的很多早教机器人都缺乏趣味性，儿童在玩了一段时间后就对其没有兴趣了，原因就在于，这些早教机器人在娱乐性和互动性方面有所欠缺。一些早教类的手机应用在融入了 VR/AR 技术后，其对儿童的吸引力并不亚于早教机器人，这就显示了 VR/AR 技术对于儿童的吸引力。

早教机器人是当前市场上先进的早教工具之一，非常受儿童及其家长的欢迎。他们对早教机器人充满好奇，希望能和早教机器人做朋友，这已经脱离了教材的属性了。儿童会认为早教机器人是有生命的，是自己的朋友，那么如果这个朋友和儿童的互动仅限于屏幕显示，就会降低儿童对它的期待。而有了 VR/AR 技术的支持，早教机器人的表情会更加丰富，儿童就可以与跃出屏幕之外的形象进行互动，同时 VR/AR 技术也能使儿童更加直观地学习知识，实现寓教于乐。

VR/AR 技术和早教机器人作为时代进步下的科技产物，有着十分匹配的搭配基因，二者的融合将实现 1+1＞2 的效果。当前，腾讯、360 等企业都已开始在这方面布局，未来将会出现很多 VR/AR 早教机器人，它也将逐步变革当前灌输式的教育模式。

6.1.4 发展动力：家长喜欢，资本追逐

在 5G、大数据与物联网等技术的相互协作下，人工智能获得快速发展，那些之前仅在电影里出现的智能机器人开始进入家庭。在此背景下，教育领域正在快速吸收这些新兴技术，再加上国民经济飞升，众多资本涌入早教行业，而当前许多儿童也缺少家长的陪伴等多种因素的影响，人们对于文化教育的关注度和消费意愿日益提升，也更愿意购买这些极具智能性的早教机器人。

对于早教机器人市场而言，人工智能在这个领域有非常广阔的

发展空间，尤其是在早教机器人产业受到众多资本与创业者的追逐后，人工智能时代下的早教机器人市场更是迎来发展的黄金时期。

此外，家长在家庭教育中缺位也是早教机器人产业的发展的缘由之一。家长在为儿童创造更好的物质生活条件时，不得不减少对孩子的陪伴与教育。而早教机器人不仅可以加强家长与儿童的沟通，还可以为儿童提供启蒙教育，培养儿童对于学习的兴趣。

早教机器人市场巨大的发展潜力吸引了许多科技企业及创业公司进军这一领域，小米、360、百度等都开始进入早教机器人市场并相继推出早教机器人，这些公司以人机互动、视频聊天、游戏学习等作为主打方向，其多样的功能受到儿童的喜爱，同时也在一定程度上解决了家长不能陪伴孩子的难题。

业内人士表示，早教机器人替代传统早教产品是必然的趋势。中国当前的 0～8 岁儿童数量超过 1 亿，早教机器人正在逐渐替代故事机、平板机、拼图玩具等传统早教产品，有望成为未来千亿级的教育细分市场。

目前，国内市场上大多数早教机器人的定位往往集中在学龄前儿童上，而对于 0～6 岁阶段的儿童市场重视不足。相较于国外早教机器人，国内早教机器人尚处于刚刚兴起的阶段，早教机器人行业还存在很大的发展空间。

同时，国内早教机器人行业还存在两个痛点。第一个痛点是，早教市场的过于分散，不同年龄段的需求差别很大，同一款早教机器人难以完全覆盖以下三类人群：

（1）0～3 岁的儿童：他们处于尝试期，对于新鲜事物都有尝试的兴趣；这个时期的早教以家庭教育为主，早教机器人则以内容类为主。

（2）3～6 岁的儿童：这个阶段的儿童已经进入幼儿园，各类以交流为主的产品如智能机器人玩具等启蒙教育类产品成为受儿童欢迎的主流产品。

（3）6～12 岁的儿童：这一阶段儿童的兴趣相对稳定，具有交互性的早教机器人及一些户外辅助机器人可能更受欢迎。

第二个痛点是，早教机器人的质量参差不齐，家长需花大量的时间与精力去筛选产品，这会给家长的选择带来很大困扰。

而在未来，随着大量资本在早教机器人行业的注入，众多实力雄厚的企业和创业公司将会纷纷进入这一领域。在资本的支持下，这些企业会根据市场追求研发出更加细化、更有针对性、更具特色的早教机器人。

6.1.5　抢占先机：抢占早教机器人市场

技术的发展、资本的投入等推动了早教机器人的发展。早教机器人市场存在广阔的发展空间，在此背景下，科大讯飞等企业开始研发早教机器人，纷纷抢占市场。

目前，早教机器人在国内市场还处于起步阶段，2017年、2018年是教育机器人市场爆发的两年，市场上出现了很多教育机器人品牌，也出现了一些早教机器人产品。这些产品虽然在宣传上没有太大差别，但是在硬件配置及内在功能方面却有很大不同。

对于早教机器人而言，其核心就是人工智能的赋能，场景陪伴和智能化是早教机器人的两大特色，而这对应的就是内容服务和先进的技术。早教机器人不仅要重视点面之间的互动，更需要重视知识的丰富性和功能的智能性。随着人工智能的发展和5G的成熟，早教机器人的深度学习能力将不断提升，能够越来越多地满足儿童的认知需要，打造“家长陪护+机器人辅导”的人机互动模式，实现智能交互学习。

在技术发展、政策支持等因素的推动下，早教机器人市场实现了快速发展。头部企业凭借技术和资金优势，积极进行产业链构建，寻求落地场景，而一些综合实力弱小的公司可能会在激烈的市场竞争中被淘汰。但是，在整个早教机器人产业链上仍蕴含着许多机会，如针对早教机器人的专用芯片、操作系统和智能语音识别技术的开发等。

当前市场上许多早教机器人都具有亲子沟通、外语辅导、教材指导等功能，同时具有海量的云端资源，这对于儿童学习习惯的培养有着很大的帮助。很多早教机构也在潮流的推动下引入了早教机器人，在未来，早教机器人将会成为早教过程中不可缺少的一部分。

在良好的发展背景下，越来越多的企业开始布局早教机器人行业以抢占市场，科大讯飞、360 等企业已纷纷入局早教机器人行业并积极研发早教机器人产品。各企业间的合作与竞争都使得早教机器人的发展态势更为火热。

6.2 早教机器人如何打造学习能力

早教机器人打造学习能力的方法有两种，第一种是以陪玩的方式向儿童传授知识，打造优质学习体验；第二种是以提供优质的学习内容的方式激发儿童的好奇心。

6.2.1 化解传统早教模式弊端：早教机器人只会陪玩

2017 年 8 月，IEEE（电气与电子工程师协会）公布了一篇名为《阿尔法一代与千禧父母》的报告。报告显示，人工智能将渗入到“阿尔法一代”生活的各个层面，无论是教育、医疗还是娱乐生活，“阿尔法一代”都将会被打上人工智能的烙印。

“阿尔法一代”是指在2010—2025年出生的这一代人。这个时期正值人工智能第三次发展的鼎盛时期，而这一代人的生活、行为乃至思想都会深受人工智能的影响。在智能教育领域，当前新一代的年轻父母都更加重视对儿童的科技教育，或者希望用科技手段为儿童的学习助力。

IEEE调研报告显示：“40%的新一代父母乐意用早教机器人照顾孩子。此外，早教机器人能够为孩子提供更加个性化的学习体验。”这样的教育方式也影响着新一代的儿童，他们更具有个人独立的思想以及与众不同的行为方式，更勇于创新。未来他们也将会用自己的与众不同的行为方式变革社会，使社会更加繁荣、使科技更加发达。

每一个时代的儿童都有着不同特点的童年。例如，中国的“80后”是捏着泥巴，牵着小狗，玩着水枪长大的儿童；“90后”是玩着玩具，看着动漫长大的儿童；“00后”是深受平板电脑和智能手机影响的儿童；“阿尔法一代”则是伴随着人工智能成长的儿童。“阿尔法一代”更倾向于与早教机器人的交流沟通，陪伴他们的将不再是普通的动物狗狗，而是具备人工智能的智能宠物狗。这些智能宠物狗的外观设计很精致，很暖萌，同时，这些智能宠物狗还能够通过语言与儿童进行沟通，陪伴儿童玩耍。有这样的宠物狗的陪伴，儿童必然会有一个既具科技感又具快乐感的金色童年。

未来，在各种先进技术的支持下，早教机器人将变得更加智能化、人性化。在早教机器人与儿童互动、陪玩的过程中，就可以将知识通过趣味性的方式传授给儿童。这种在陪玩中实现教学的模式将化解传统早教模式生硬化的弊端，能够有效地激发儿童的学习兴趣，培养他们学习的习惯。

6.2.2 解决教学痛点：提供优质学习内容

除了能在玩乐中实现知识的传授，早教机器人还能解决教学的痛点，为儿童提供优质的学习内容。

科大讯飞研发的“阿尔法蛋”努力打造优质内容的早教机器人。科大讯飞新推出的“阿尔法蛋·A10”早教机器人自发布以来就获得热捧，销量众多。

那么“阿尔法蛋·A10”早教机器人的优势体现在哪里？首先，“阿尔法蛋·A10”早教机器人在人工智能技术层面有较大优势。阿尔法蛋系列产品一直专注于早教领域，而“阿尔法蛋·A10”早教机器人在人工智能技术的基础上提升了其语义识别能力，通过儿童语音、语料数据的重复训练构建了儿童语义识别模型。因此，“阿尔法蛋·A10”早教机器人的童声识别率具有优势。

其次，“阿尔法蛋·A10”早教机器人的优势更体现在教育资源方面。现在，只能提供教育内容的早教产品已经不能满足家长和儿童的需求了，分年龄分领域的优质学习资源是早教机器人的核心竞争力之一。

在内容方面，“阿尔法蛋·A10”早教机器人以3～12岁阶段儿童的成长需求为中心，与众多教育专家、教育实验室及教育机构展开合作，研究适合特定年龄段儿童的学习内容，这种有针对性的教学对儿童的行为习惯、社交、语言能力等方面的发展有很大好处。

最后，“阿尔法蛋·A10”早教机器人还有一个突出的功能，它为儿童提供了英语绘本跟读和英语教学功能。在“阿尔法蛋·A10”早教机器人的帮助下，儿童可以根据绘本故事学习英语。同时，“阿尔法蛋·A10”早教机器人还可以训练儿童的英语发音，依托其人工智能技术，它能够评测儿童的英语发音并指导儿童训练正确的发音，儿童也可因此提高自己的英语水平。

总之，“阿尔法蛋·A10”早教机器人能够在众多早教产品中脱颖而出，和它的内容优势是分不开的。它不仅能够为儿童提供丰富的学习资源，更能够分年龄分领域为不同阶段的儿童提供不同的学习内容。

内容方面的提升是提高早教机器人竞争力的有效手段，而早教机器人的内容也会随着早教机器人的发展而变得更加完善、更加细致，能够给儿童提供更优质的学习内容。

6.2.3 拒绝灌输：在互动中实现知识的传递

关于早教机器人，狗尾草科技公司的CEO邱楠认为：“早教机器人不能玩具化，一旦玩具化就拔不出来了。其实，科技才是未来，玩具只是当下。”

这便指出了早教机器人的关键特点，它并不是能够陪伴儿童的一个玩具，早教机器人的核心是其蕴含的科技的力量。和儿童玩具相比，早教机器人有优质的内容与优秀的交互设计。它在深入研究儿童的语言、肢体动作及其心理特点的基础上，利用深度学习技术分析、理解儿童的语言及心理，能够更高效地与儿童进行交流互动。

“公子小白”是狗尾草公司研发的早教机器人，它不仅有酷炫的外形，还有很多智能、实用的功能。它能够为儿童设置学习习惯养成计划，为儿童制订全天24小时的时间管理计划。“公子小白”早上能够通过语音按时唤醒儿童，培养其养成早起的习惯，会给儿童讲述刷牙的好处，会在雨天智能地提醒儿童出门带雨伞。同时，在晚上，“公子小白”还会陪伴儿童一起复习功课，在儿童睡觉时，“公子小白”也会给儿童讲有趣的睡前故事，陪伴儿童进入梦乡。

这种24小时的陪伴与时间管理计划，能够让儿童养成早睡早起的好习惯，使儿童能够健康成长。

另外，“公子小白”借助大数据技术，能够收集海量的学习资源。它不仅能够教儿童背诵唐诗，给儿童讲寓言故事，播放动听的儿歌，与儿童一起学英语还能够纠正儿童的英语发音。“公子小白”智能整理了剑桥、牛津、哈佛等著名学府的原声教材，为儿童创造了一个比较好的语言环境，能够让儿童爱上讲英语。

对于早教机器人而言，其优势不仅体现在知识的丰富多样性，更在于其具有十分智能的交互性。在传统的早教模式中，可能传统早教产品的内容就已经很完善了，家长可以借助这些早教产品向儿童讲解知识。但是这样的教学模式仍是灌输式的，儿童自己几乎没有自主选择的能力，只是被动地接收知识。

而对于搭载人工智能的早教机器人而言，儿童可以在与早教机器人的互动中让其讲故事或者读单词等，早教机器人在交互中的智能性会激发儿童与之交互的主动性。儿童的主动性更能激发其学习的兴趣，同时也能够促使儿童更好地学习知识。

6.3 早教机器人案例

在早教机器人快速发展的当下，许多企业纷纷布局早教机器人行业，推出自己的早教机器人产品抢占市场。其中，360 儿童机器人、巴巴腾机器人等都是早教机器人领域的优秀产品。

6.3.1 360 儿童机器人：造型呆萌+知识丰富+互动有趣

如今，许多家长都会忙于工作而没有太多时间陪伴儿童，同时儿童在生活中也可能会缺少玩伴。动画片里的主角们常常会有一个陪伴他们的朋友，如哆啦A梦、宠物小精灵皮卡丘、数码宝贝等。而儿童也希望有个自己的童年玩伴。

360儿童机器人正是基于陪伴儿童的目的而研发的，它可以陪伴在儿童身边，让他们的成长时光更有趣。360儿童机器人是360公司为儿童定制的早教机器人，其造型呆萌可爱。在上市后，360儿童机器人快速俘获了无数儿童的欢心，成为无数儿童的童年玩伴。

360儿童机器人叫作巴迪，其可爱的外表下蕴藏着强大的功能。巴迪通过人工智能技术实现了与儿童的语音交流，同时可以提供丰富的知识资源，让儿童在快乐的交流中学习各类基础知识。

1. 外观：造型呆萌

巴迪造型圆润可爱，上半部分为一块8寸的显示屏，支持5点触摸，屏幕的背面为扬声器区域，配有音箱级音腔，支持高保真3D环绕音效，能够为儿童提供更好的语音体验。其屏幕的上方有一个高清摄像头，可以用来拍照、视频通话，同时，在开启VR/AR功能时也要使用这个摄像头。

巴迪的下半部分为圆润的底座，底座可以360°旋转，屏幕也可以35°调节方向，能够帮助儿童获得更好的视角。白色的底座和黑色的屏幕结合在一起，组成了巴迪的脑袋与身体。同时，屏幕下方的LOGO就像是巴迪的嘴巴，为巴迪增添了几分萌意。其具体造型如图6-2所示。

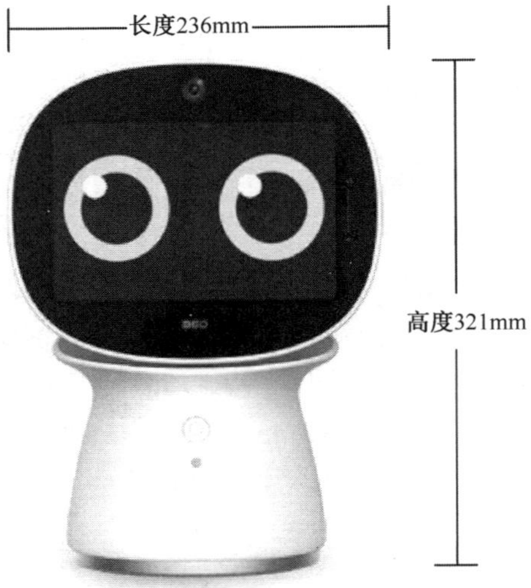

图 6-2　360 儿童机器人巴迪

2. 知识丰富

对于巴迪来说，儿童随意说出一句古诗，巴迪都能说出下句并给出古诗全文；而当儿童想听故事时，只要说出“听故事”就可以启动巴迪的讲故事功能。对于天气情况等生活常识问题巴迪也可以随问随答。

巴迪配有“360 儿童 OS 系统”，这是 360 公司为儿童打造的专属系统，儿童在这个系统中可以选择播放其内置的儿歌故事，也可以选择播放视频、录制视频等。在学习内容方面，系统中包括学汉字、学英语、读绘本等几个方面的内容。

美中不足的是，巴迪的知识资源库还有待完善，巴迪对那些不常见的诗句会出现无法识别的情况。

3. 互动有趣

巴迪拥有强大的智能语音系统，其底座的全向麦克风可以采集儿童声音并做出反应，当儿童喊出“巴迪，你好”时，巴迪即刻启动并开始对话。同时，通过摄像头与人脸识别技术，巴迪可以识别出此前系统认定过的家庭成员，并依据其身份打招呼，从而实现颇具趣味的互动。

此外，巴迪内置 VR/AR 学习功能，可以实现情景式教学，让儿童在快乐中获得知识。巴迪搭载的 VR/AR 应用有学英语与学画画两种。学英语是指巴迪依据图片让儿童用卡片在 VR/AR 垫上组合相应的单词，这既可以实现儿童与巴迪的互动，又能锻炼儿童的动手能力。学画画则是借助摄像头为儿童画画提供各类模板素材，省去了购买涂鸦书的过程。

除了以上的一系列功能，巴迪还拥有“K 故事”功能。借助这个功能，家长只需在 360 机器人 App 中的“K 故事”页面提前录制好相应的故事，并推送到巴迪的系统中，儿童就可以在“360 儿童 OS 系统”中听到家长读出来的故事。家长读出来的故事更受儿童的欢迎，这个功能也是巴迪的特色功能之一。

当前早教机器人市场逐渐火热，而巴迪的售价与其他同类产品相比并不昂贵，再加上巴迪拥有智能的语音系统及强大的知识储备，它可在家长无法陪伴儿童时陪伴在儿童身边，减少儿童内心的孤独感，更能让儿童在休闲游戏中学习基础知识。

当然，巴迪也有一些不足之处，例如其人脸识别的成功率不高，在语音识别时假如儿童语速过快也容易识别失败，因为有全向麦克风拾音，其在嘈杂环境下容易采集到其他的声音并进行非必要的语音识别等。不过，巴迪作为一款功能完备的早教机器人是十分优秀的，在未来，随着5G网络的普及和人工智能技术的发展，巴迪也将给儿童带来更好的使用体验。

6.3.2 巴巴腾早教机器人：亲子教育+远程亲情交流

现代生活的生活节奏加快、生活压力加大，让一些爸爸们不得不将更多的精力用在工作上，这也使得爸爸们难以更好地陪伴儿童成长。“爸爸再不陪我，我就长大了”，一句话简短的话却刺痛无数为人父者的心。爸爸们也想通过各种办法更好地陪伴儿童成长。

哪里有需求，哪里就有商机，鉴于爸爸们的这种需求，以亲子教育为主的早教机器人也逐渐出现在日常生活中，巴巴腾早教机器人就是其中的佼佼者。它具有亲子教育及远程亲情交流功能，通过与手机 App 的结合使用，巴巴腾早教机器人能够实现双向留言、实时对讲等功能。爸爸们也可以借助巴巴腾早教机器人与儿童聊天、给儿童讲故事等，能够有效增强爸爸与儿童之间的情感交流。

巴巴腾早教机器人由鑫益嘉公司研发，“让父爱回归”是鑫益嘉公司研发这款产品的初衷。巴巴腾早教机器人不仅可以实现人机对话，自然交互，还拥有海量的知识资源，是一个融入了人工智能技术的智慧机器人，可以在玩耍的过程中教会儿童更多的知识。

巴巴腾早教机器人的交互能力十分出色，亲子教育的资源也很丰富。许多系列的绘本语音都可以在巴巴腾早教机器人中搜到，并且巴巴腾早教机器人儿歌、诗词、科普、国学、数学等方面的资源也十分齐全。这些丰富的资源能够为儿童讲解更多的知识，能够更好地培养儿童学习的兴趣。

巴巴腾早教机器人的外观以白色为主，黑色屏幕酷似眼罩，内置 LED 灯，可以显示不同表情，在打造可爱的造型时又不失科技感。同时，巴巴腾早教机器人头部的两边各有一个可发光的"耳垂"，十分可爱。巴巴腾早教机器人下半部分的身躯上有一个灰色的实体按键，此外，它的顶部还有一个快速交互按键，其整体外观如图 6-3 所示。

图 6-3　巴巴腾机器人外观

巴巴腾早教机器人的做工非常精致，通过一圈银色的渡漆完美地将"眼罩"及机身结合在一起，流畅的线条使得巴巴腾早教机器人颇具美感。其“嘴巴”的下方有一个麦克风孔，用于收集声音。巴巴腾早教机器人能听得懂儿童说出的话并及时给予回应。例如，巴巴腾早教机器人在听到“讲个故事吧”或者“唱首歌吧”等语音时，可立即开始讲故事或者唱歌。如果儿童说得更具体点，如在听到“舒克和贝塔”“黑猫警长”等语音时，巴巴腾早教机器人也能迅速找到对应资源并开始播放。

巴巴腾早教机器人“肚子”上的实体按键功能丰富，主要有播放键、留言键、上一曲/下一曲、音量+/−、爱好收藏键及菜单键等。在经过测试后我们发现，巴巴腾早教机器人的菜单键与收藏键功能尚未完全开放，无法读取TF卡（快闪存储卡）中的音乐，需要进一步完善。

巴巴腾早教机器人的背面标有“巴巴腾”字样，下方有着圆形的扬声器孔。它可在保护儿童听力的前提下，提供更响亮的声音。如图6-4所示。

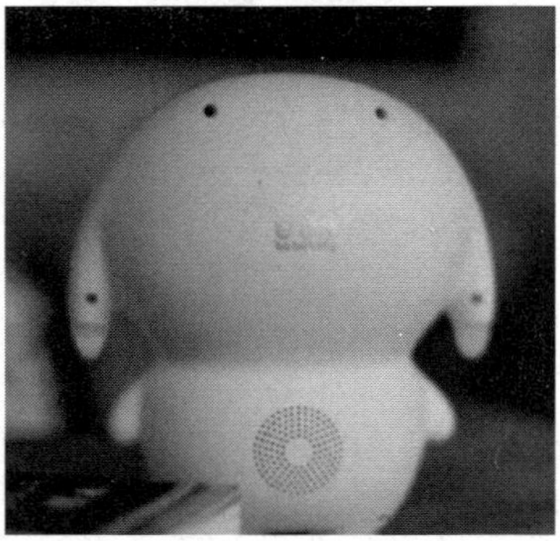

图6-4　巴巴腾早教机器人的背面（1）

巴巴腾早教机器人的脚底也安装了丰富的接口与开关，如图6-5所示。两只脚的一边为Micro USB充电接口及TF卡槽，另一边的蓝色开关用于开启或关闭巴巴腾早教机器人。在充电时无法开启巴巴腾早教机器人，这样设计的目的是防止出现触电等意外情况。

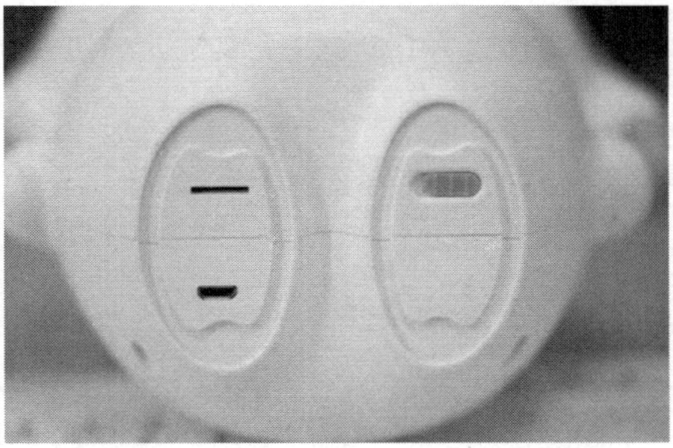

图6-5 巴巴腾早教机器人的背面（2）

实际上，巴巴腾早教机器人的亲子教育及远程亲情交流等对话等功能都可以通过与手机的联动实现功能的强化。借助手机App“淘云互动”巴巴腾早教机器人可以实现双向留言，儿童在巴巴腾早教机器人上留言，手机端App可以收到相应信息；同时，当巴巴腾早教机器人开机后也可以自动接收手机端App发送的留言。

“淘云互动”App支持建立群聊组，可以将儿童的家长添加在其中，家长可以发送语音与巴巴腾早教机器人面前的儿童进行互动。同时，“淘云互动”App中也包含了诸多故事和儿童音乐。但就目前来看，“淘云互动”App仍有待提高，如儿童故事、音乐等只能存储在手机中，无法将其发送到巴巴腾早教机器人上进行交互播放。

巴巴腾早教机器人有着可爱的外观，整体设计十分流畅。其突出的特色在于其在语音及人机交互上具有出色的表现，且操作简单，语音识别率高，搜索资源丰富，实用性较高。

这款具有远程亲情语音互动、亲子教育功能的巴巴腾早教机器人，可以让儿童更能体会到父亲的关爱。在人工智能飞速进步的今天，巴巴腾早教机器人一定能够发展得越来越好，从而赢得更多用户的喜爱。

6.3.3 布丁豆豆早教机器人：内置系统化教学内容，启蒙儿童

越来越多的实例表明，早教对儿童的成长具有积极的影响，年轻的家长也越来越重视儿童的早教。同时，爱玩是儿童的天性，想让儿童像大人一样安静地学习知识难度很大。针对儿童的天性，市场上出现了很多具备早教功能的智能机器人。

例如，从一个购物平台上我们能够找到众多针对儿童的智能机器人。遗憾的是，这些产品中的大部分产品无法在陪伴儿童的时候让其产生陪伴感。此外，虽然不少智能机器人具有传授知识的功能，但其无法将知识系统地传授给儿童。同时，现在的家长都十分重视儿童的早教启蒙，幼儿园里也已有简单的启蒙课程，而这些智能机

器人的启蒙教育却并不完善。

为了让智能机器人可以变成儿童的伙伴，解决系统化传授知识的问题，北京智能管家科技有限公司从情感机器人产品的理念出发，结合最前沿的人工智能技术与丰富的教育资源，研发出了布丁豆豆早教机器人。

布丁豆豆早教机器人内置系统化教学内容，能够更好地启蒙儿童。其通过智能语音交互系统、多元智能理论启蒙教育等激发儿童积极探索知识、主动获取知识，让儿童在轻松的氛围中学习知识。

双职工家庭中的儿童更容易出现儿童被关爱感少的情况。为了让家长与儿童更好地沟通，布丁豆豆早教机器人支持远程视频功能，家长在公司也可以通过手机与儿童交流，假如儿童想念爸爸妈妈，也可以借助布丁豆豆早教机器人与父母聊天。

布丁豆豆早教机器人的设计圆润可爱，手感舒适，适合儿童握持，这些设计很容易赢得儿童的欢心，其具体样式如图 6-6 所示。布丁豆豆早教机器人的机身充电接口有防漏电处理，提升了产品的安全性。

其实，布丁豆豆早教机器人之所以能成为儿童的好玩伴，还缘于布丁豆豆早教机器人的智能设计使其更接近人类的行为习惯。布丁豆豆早教机器人可以模拟人类的情绪，以丰富的表情和儿童进行互动，例如，当儿童抱起它时，它会以笑声或抖动的方式反馈情绪，让儿童在这个“小伙伴”的陪同下，在轻松自由的氛围中体会探索世界的乐趣。

图 6-6　布丁豆豆早教机器人

不仅如此，布丁豆豆早教机器人内置的 R-KIDS 智能语音系统可以快速识别儿童的语言并以最巧妙的方式进行回答。同时，布丁豆豆早教机器人可以随着儿童词汇量的增加进行教学内容的深度优化，启发他们自主思考。

布丁豆豆早教机器人是一款拥有系统化教学内容及海量知识储备的早教机器人。其将人工智能互动技术与双语对话、游戏玩耍等英文情景相结合，从学、练、玩、听、拓五个环节充分激发儿童的学习热情，让儿童在游戏中感受学习的乐趣。

布丁豆豆早教机器人具有开创性的智能情景英文教学系统，包含 26 个有趣的英文主题、182 节实用课程、50 套图画绘本，同时其研发公司联合新东方旗下儿童教育品牌“酷学多纳”等第三方平台打造纵深学习矩阵，让儿童更有身临其境的感觉。同时布丁豆豆早教机器人拥有智能英文助手功能，可随时打造地道的语言环境。此外，布丁豆豆早教机器人可记录孩子的学习进度并依据记忆曲线智能地帮助儿童复习。

在儿童的成长过程中，家长的陪伴是十分重要的。其实，给予儿童的陪伴并不会受限于形式及地点，只要家长愿意留出一些时间就能够更好地陪伴儿童。布丁豆豆早教机器人可以以最专业、最有趣的方式启蒙儿童，带领他们探索周围的世界，同时也在家长与儿童间架起一座沟通的桥梁，借助布丁豆豆早教机器人，家长即使身在异地也能够与儿童进行沟通，陪伴儿童玩耍与学习，使儿童在家长的陪伴下更好地成长。

第7章

智能教育促进K12教育创新

在各种现代技术快速发展的趋势下，教育的智能化也成为未来发展的趋势。智能教育在教育领域的影响存在于方方面面，尤其是随着人工智能的发展，K12教育也迎来发展的黄金时期。

人工智能对于K12教育的影响是十分巨大的。首先，人工智能作为一门新兴的学科将加入K12教育的课程。其次，人工智能技术的发展将推动K12教育机器人的创新。

7.1 人工智能 K12 教育

人工智能的快速发展已经预示了未来必定是一个更加智能的时代，因此，当下为人工智能的发展打下基础是十分必要的。在这一需求的驱动下，人工智能作为一门新兴学科进入了 K12 教育领域，人工智能化的 K12 教育也成为未来教育发展的趋势。

7.1.1 人工智能 K12 教育的目的

2017 年，国务院发布《新一代人工智能发展规划》，引起了教育机构对人工智能这一新学科的关注。《新一代人工智能发展规划》将人工智能化的 K12 教育的目标定为“设置人工智能相关课程、逐步推广编程教育、建设人工智能学科，培养复合型人才，形成我国人工智能人才高地”，同时指出人工智能 K12 教育的意义在于“抢抓人工智能发展的重大战略机遇，构筑我国人工智能发展的先发优势，加快建设创新型国家和世界科技强国”。

人工智能的发展是时代的趋势，同时对于人工智能的学习和研究是推动人工智能不断发展的基础。目前来看，人工智能的研究方向包括5个方面。

（1）认知科学，如自然语言理解、计算机视觉等。

（2）计算和推理。

（3）机器学习。

（4）传感和控制。

（5）博弈和伦理。

通过理解《新一代人工智能发展规划》的要求和了解人工智能的研究方向，我们可以将人工智能K12教育的目的分解为6个方面。

（1）让学生了解什么是人工智能，了解人工智能的应用方向、实现原理。

（2）让学生掌握基础的计算机和编程知识，为之后的学习打下基础。

（3）让学生掌握传感、控制知识，使其能够进行人工智能工程实践。

（4）让学生掌握人工智能算法，使其能用算法工具等解决人工智能问题。

（5）培养学生的创造力、动手实践能力、沟通协作能力。

（6）培养学生的计算思维和工程思维。

总之，人工智能 K12 教育的目的就是让学生了解基础的计算机和编程知识，并培养学生的计算机思维和创新思维，为学生今后在人工智能方面的学习和创新打下基础。

7.1.2 人工智能 K12 教育的现状

为了获得人工智能 K12 教育的首波红利，许多企业与机构纷纷开始了在人工智能 K12 教育领域的研究。随后，许多“人工智能教学体系”“人工智能教材”等产品进入市场。这些产品可分为两类。

第一类产品是在现有的机器人教育体系上加入人工智能教育的内容，在宣传上虽然打着人工智能教育的旗号，但是其人工智能教育的内容却十分稀少。这类产品的内容以此前的 STEM 教育体系为主，包括机器人的传感、控制和编程知识。这些内容和人工智能关系不大，内容并不深入。

第二类产品包括人工智能的书籍、课程和软硬件产品。这些产品的确更符合人工智能的理念，但这些产品研发的十分仓促，由于人工智能的学科内容是十分庞大、复杂的，所以这些产品的内容往往对于 K12 教育没有针对性，只是把大量生涩难懂的专业内容灌输给学生。这使得课程内容与学生的认知水平相差过大，教育效果自然也不会好。

除了产品的质量问题，目前的人工智能 K12 教育产品还存在以下问题。

1. 从业人员对人工智能的认知存在误区

很多业内的专家、教师都认为，人工智能和编程语言（如 Python）是一样的。的确，Python 是一种优秀的编程语言，其信息处理能力非常强大，在人工智能研究领域应用的范围也很广，但 Python 只是一种工具，与人工智能学科内容相距甚远。

2. 产品内容与教学场景脱节

产品内容与教学场景教学脱节也是很多人工智能 K12 教育产品的一个缺陷。这些产品的研发机构多为科技企业，课程和书籍都是研发产品的工程师编写的，他们没有考虑到这些产品在实际教学场景下的应用，使内容产品与教学脱节。

3. 产品同质化严重

产品同质化同样也是很多人工智能 K12 教育产品存在的问题。企业研发能力往往十分有限，很多企业都是在借鉴同行产品的基础上加入少量创新来研发自己的产品。这样的产品缺乏创新力，使得不同产品间相似度很高，同质化严重。

总体来看，由于人工智能 K12 教育正处于发展的起步阶段，其教育产品的质量也很难有保证。同时对于 K12 教育来说，这些产品缺乏针对性，没有很好地把握 K12 阶段学生的学习特点和知识水平。

7.1.3 如何开展人工智能 K12 教育

如何开展人工智能 K12 教育？在设计人工智能 K12 学科教育体系时必须把握几个原则。首先，知识内容要具备科学性和专业性。其次，教师在讲授知识的同时要重视方法的传递和对学生能力的培养。最后，教师要根据学生的知识水平和学习方法开设课程。

人工智能学科教学首先要保证其科学性和专业性。教师向学生传播的知识一定要有依据，经得起验证。这就要求人工智能 K12 学科教育体系必须包括完整的人工智能学科架构和准确的原理知识。

K12 教育指的是学前阶段至高中阶段的教育，这个阶段的学生的自律能力通常比较差，教师应考虑如何激发学生的学习兴趣。在这方面，教师在授课时可以通过有趣的故事引入教学，在讲授知识点的时候要确保知识点能够被学生吸收，因此，教师在每节课授课时不宜讲授过多的知识点。同时教师要设计知识点之间的连接并设计趣味性较强的课堂互动环节让学生更好地掌握知识。

中学阶段的学生具备了一些数学和物理基础，因此教师在教学内容的设计上除了要考虑激发学生的学习兴趣，还要让课程内容与学生已有的数学、物理知识相结合，以便让学生对人工智能的学科知识产生更深刻的认识。

为了培养学生的创新能力，教师在教学环节中可以设计一些问题思考环节和实践环节，通过创新思维导图、组合法、分解法等训练学生的创新意识和创新能力。

7.1.4 人工智能K12教育的未来展望

在未来，随着人工智能的发展和国家政策的推动，人工智能K12 教育也将获得快速发展。那么，未来的人工智能 K12 教育将如何发展？在未来，人工智能 K12 教育将更加专业化、多元化。

人工智能 K12 教育的专业化是技术发展必然的趋势，随着人工智能技术的发展和人工智能教育理念的成熟，将会有越来越多的优质的人工智能教育产品出现。

而人工智能 K12 教育的教育形式也将更加多元化。一些具有权威性的人工智能能力水平竞赛将会出现，在检验学生学习成果的同时更加激发学生学习的热情。科普与儿童文学的结合将会产生以人工智能科普教育方面的科普文学作品。而互联网与各种新媒体的结合也将会产生有关人工智能科普的教学产品。

当前，已经有不少中小学开设了人工智能相关课程，这些课程势必会在未来得到普及。在这一发展势头下，人工智能 K12 教育的产品也将越来越全面，学生能得到越来越好的人工智能学科教育。

7.2 K12 教育机器人让学生爱上学习

在智能教育时代，K12 教育的发展将越来越深入，随着人工智能的发展，K12 教育机器人也获得了发展的良机。K12 教育机器人借助人工智能技术，可以实现 1 对 1 教学，实现个性化教学，从而提高学生的学习效率。

K12 教育机器人是以提升学生学习兴趣为目的而开发的教育机器人。它既可以带给学生全新的学习体验，又可以将教学活动由灌输式教学转变为互动式教学，还可以将教学活动由说教转变为实践体验。K12 教育因为有了 K12 教育机器人的加入而变得丰富多彩。

7.2.1 带给学生全新的学习体验

没有什么比 1 对 1 的个性化教学更能让学生爱上学习了，然而，1 对 1 的个性化教学与资源分配存在矛盾，尤其是当下教育资源分配并不均衡。但是，人工智能与教育的结合有望解决教育资源不平衡的问题，使更多的学生获得更好的学习体验。

国镓智能科技有限公司（以下简称国镓智能）推出了一款融入了人工智能技术的K12教育机器人——“大国小全家”K12教育机器人，它可以有效地实现教育资源的合理分配。同时，它也将带给学生一种全新的学习体验。

“改变中国教育资源不平等的现状，单纯靠人力并不现实，一款智能产品则能复制和应用于多种场景”，国镓智能创始人罗晓明表示，“我们研发这款机器人不但不会增加学生的学习时间，反而能将学生从各种课后辅导班中真正解放出来，让他们更加有效地学习”。

K12教育是一个极其特殊的领域，覆盖时间长、用户量众多且属于刚性需求。家长为了能让自己的孩子拥有优质的教育资源，不惜耗费巨资买下昂贵的学区房。即便如此，这些优质教育资源的竞争也无法从根本上解决个性化教学难以实现的问题。

国镓智能CEO苏进对于“大国小全家”K12教育机器人有着这样的看法，“想要推行快速提分的个性化教学，使每个学生都能按照自己的节奏进行学习规划，最好的方法当然是给每人配备一个教师，但这样的需求是不切实际的。它就像一个书童，通过硬件和互联网技术中传感器感知技术的积累，让每个学生持续改进自身的学习方式，合理配置时间，提高学习效率，仿佛亦师亦友般的存在”。

在使用过程中，“大国小全家”K12 教育机器人能够借助综合传感器不断地“获知”学生的学习状态，如对知识点的掌握情况等，而这些学习习惯的数据将进入机器人的系统后台，为学生未来的学习计划提供帮助。在这款教育机器人的指导下，学生将有属于自己的学习方式，知道自己应该做什么题，能够进一步提高自己的学习能力和学习水平。

学生借助题库类软件辅助学习，如用手机进行网上搜题等，不仅会降低学生学习的专注力，也无法让学生系统地理解知识的框架。而“大国小全家”K12 教育机器人能够根据收集的学生的学习数据来分析学生的知识水平，并根据知识框架科学地为学生提供体系完整的学习指导。

同时，“大国小全家”K12 教育机器人能够在学生学习的过程中通过传感器收集学生的各种数据，并将学生的素质、能力估算出来，以此制订相应的学习计划，促使学生整体能力的提升，这将带给学生全新的学习体验。

K12 教育机器人的研发除了需要专业的技术团队作为支撑，还需要丰富的教育资源。在这方面，国镓智能团队汇集了来自各行业的众多人才和专家。

国镓智能研发团队的首席研发专家为中科院自动化所研究员、国家云计算大数据专家组专家、中国人工智能学会常务理事张文生。另外，其研发团队中还包括人工智能领域的其他专家和高校的教师等。豪华的团队配置及清晰的产品思路为该产品的研发提供了保障。

罗晓明曾说道："我们都知道创业是一件艰苦的事情，我们做好了打这场仗的准备。"正如罗晓明所说，国镓智能团队集聚了先进的技术、尖端的人才和丰富的教育资源。在借助人工智能赋能 K12 教育机器人时，国镓智能团队的这些优势能够帮助其探索更多的可能性。

7.2.2 学海无涯"趣"作舟

K12 教育机器人不仅能够根据学生的知识水平为其提供个性化、系统化的学习计划，它还能够增加学习的趣味性，提高学生的学习兴趣。正所谓学海无涯"趣"作舟，K12 教育机器人能够让学生在趣味性的互动中更好地学习知识。

如今的许多 K12 教育机器人都采用云端数据库，能够同步全国各阶段教材，具有丰富的教育资源。同时，它还具有多样的、游戏化的互动形式，并且在人机交互应答及时，这些都能够有效地激发学生的学习兴趣。K12 智能教育机器人的教学优势可以体现在以下 5 个方面，如图 7-1 所示。

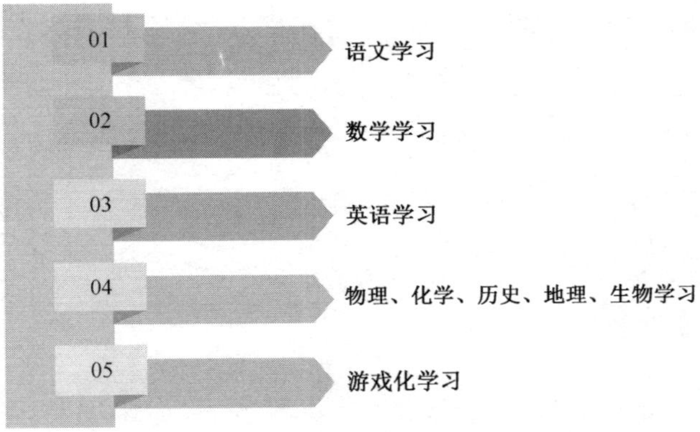

图 7-1 K12 智能教育机器人的教学优势

1. 语文学习

K12 教育机器人拥有强大的资源库，几乎包含了中华传统文化的所有类别。同时，其语文资源里还包括很多组词、组句和作文指导方面的内容。此外，K12 教育机器人能够同步教材，并引入名师课程，使学生足不出户就能够接受名师的指导。

在教学功能方面，K12 教育机器人可以听写、拼读，还可以讲故事、辅导作文，是教师和家长教学辅导的好帮手。例如，就 K12 教育机器人的创作功能而言，它每天可以组稿上百篇文章，在创作的数量上“完全战胜”教师。其利用统计学的知识及深度学习技术，能够在几秒的时间内把一篇数千字的文章概括为数百字。这样的抽取概括能力可以使 K12 教育机器人迅速对各类稿件进行智能分类，从而组成一篇结构和内容相对完整的文章。

当然，这类功能目前还并不完善，虽然 K12 教育机器人借助

UGC（用户生产内容）能够收集优质信息，可以让其站在“巨人”的肩膀上“思考”，最终组成质量相对较高的文章。但其无法像教师一样将这种写作技巧传授给学生，因此这种功能目前可以用于辅助教师教学，即先由 K12 教育机器人写好一篇文章，再由教师把关，最后教师再将文章中的技巧与方法传授给学生。

2. 数学学习

K12 教育机器人可以与课本同步教学，以举例、讲故事等方式，将生活现象融于数学教学，这样讲述的数学知识更便于学生理解。此外，K12 教育机器人在传授数学方法时，可从思维方式、思维角度、思维结构等多个角度对数学方法进行讲解，同时，其自身配备的教学资源也十分丰富，学生能够依据自己的学习需求系统地学习。

3. 英语学习

K12 教育机器人拥有英语人机对话、英汉互译、学单词、练口语、同步课文、练习发音等功能。并且在 K12 教育机器人面前，学生能够更加大胆地练习英语发音和语法，完成从哑巴英语到流利说英语的跨越。

4. 物理、化学、历史、地理、生物学习

在学生学习物理、化学、历史、地理、生物等学科时，K12 教育机器人也能够帮助其更好地学习各科知识。物理、化学方面的多种实验教程都可以通过 K12 教育机器人来模拟实验，而且机器人还可以生动地解释各类现象，其具备的知识点多而全面。

而在历史、地理、生物方面，K12 教育机器人的智能云库能够为学生展示宏大的历史画卷，同时能够通过配图、配音等生动地讲述历史、地理课程，能够为学生营造更好的学习氛围。同时，K12 教育机器人也能够科学地展示各类生物图谱，便于学生学习。

5. 游戏化学习

K12 教育阶段的学生往往具有强烈的求知欲与好奇心，游戏对于他们而言具有很大的吸引力。而 K12 教育机器人设置的各种学习及互动环节都可与游戏结合在一起，如其可以设置趣味性的知识闯关游戏等。这些都可通过游戏化学习提高学生学习的积极性，培养他们对于学习的兴趣。

有了 K12 教育机器人的引导，学生的综合能力和动手能力都会获得很大提升。它能够在激发学生学习兴趣、锻炼其思维能力的同时，帮助学生打造迎接未来世界的能力。K12 教育机器人能够使学生的校内学习和校外培训变得更加智能。

在未来，K12 教育机器人将成为新时期的教学特色，它可以让学生从枯燥无味的学习中解脱出来，让学习变为更加有趣的事情。

7.2.3 教学活动由说教转变为实践体验

K12 教育机器人能够让学生爱上学习，其智能性的教学模式更符合学生的学习需求。在 K12 教育机器人引导学生爱上学习的同时，学生也会爱上 K12 教育机器人所带来的智能化、差异化的教学模式。

K12 教育机器人并非简单的具有教育功能的玩具，也并非枯燥乏味的教具。人工智能技术支持下的 K12 教育机器人拥有丰富的项目设计空间及开发空间，学生在挑战机器人项目的过程中能够锻炼自己的分析能力及实践能力，这让传统的说教教学升华为实践体验。在参加机器人挑战项目的过程中，学生能够以轻松的状态接触电子、软件、人工智能等科技知识，可以有效提高学生的科技素养。

上海未来伙伴机器人有限公司旗下的品牌能力风暴曾推出过许多深受学生欢迎的 K12 教育机器人产品。例如氪系列积木机器人、虹湾系列飞行机器人、珠穆朗玛系列类人机器人等。

虽然这些 K12 教育机器人的类型不同，但它们的教育方法在本质上是一致的，即让学生在实践中提高自己的创造能力。同时，不同类型的 K12 教育机器人给学生带来的乐趣也各不相同。

例如，氪系列积木机器人具有六面搭建体系，是拥有巨大想象空间的积木机器人，学生可以完全依据自己的想象搭建飞机、埃菲尔铁搭等各类创意造型；虹湾系列飞行机器人具有出色的安全性能和抗摔抗撞性能，其同时具有拍照、拍视频的实用功能；珠穆朗玛系列类人机器人搭载髋关节智能电机，灵敏度极高。

能力风暴推出的这些功能独特的 K12 教育机器人让教学活动从说教转变为实践体验，学生可以自己动手制造机器人或者借助机器人去完成某些实践活动。在未来，随着人工智能技术的发展和 5G 网络的普及，K12 教育机器人也将获得更好的发展。届时，它将创造更加智能的实践模式，帮助学生更好地获得知识。

7.3 K12 教育机器人案例

现阶段我国 K12 教育机器人仍处于发展阶段，相关企业数量与发达国家相比还有很大差距。但随着科技企业的不断涌入，行业整体的科技水平也在不断提升，许多企业都推出了自己的 K12 教育机器人。

7.3.1 越疆科技发布轻量型智能机械臂

2019 年 10 月，智能机器人教育解决方案供应商越疆科技发布了其最新研发的多功能轻量型智能机械臂，学生可通过该产品多样的交互方式及兼容接口实现更多创意。此外，越疆科技联合众多资深教育专家基于 PBL（项目制学习）和各阶段教科书的课程设计，搭建了启蒙、基础、进阶等不同阶段的课程体系。

该智能机械臂具有以下 3 个方面的优势，如图 7-2 所示。

1. 准工业级性能

智能机械臂搭载减速机和高精度步进电机，能够有效提高关节精度，使其体积更加紧凑。同时，智能机械臂采用了高精度绝对磁编码器，这使其定位十分精准。此外，产品的使用寿命也比较长，其核心零部件使用寿命能够超过 1000 课时。

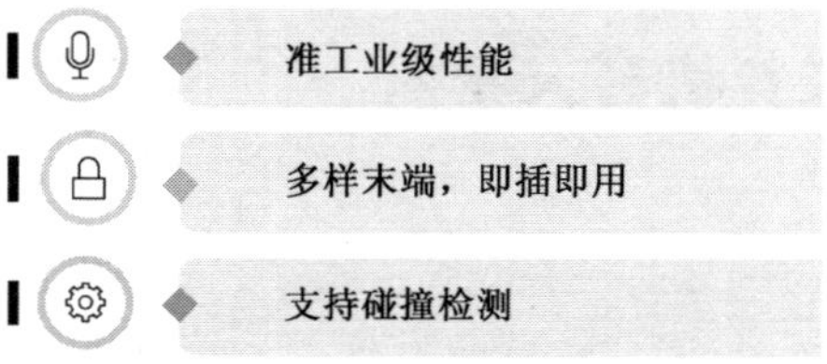

图 7-2　智能机械臂的优势

2. 多样末端，即插即用

智能机械臂的伸展距离为 340 毫米，新主板拥有 4 个自由度，具备柔性手爪、夹笔器等可拆卸的末端工具，即插即用，能够实现写字、抓取、搬运等操作。

3. 支持碰撞检测

越疆科技把协作机器人技术融入该智能机械臂中，在此项技术的支持下，智能机械臂支持碰撞检测，保证了其使用的安全性。同时，智能机械臂具有手持示教功能，学生不用对机械臂进行编程，只需用手移动智能机械臂做出动作，智能机械臂就会学习这些动作，并能够成功地重复这些动作。

此外，在智能机械臂的设计上，越疆科技将控制算法、任务逻辑编程作为独立的两个模块，以 Magic Box（魔盒，又名全能装机、装机精灵）为智能教学逻辑编程的载体。Magic Box 同时也是独立的开放编程平台，提供了 12 个接口，包括传感器接口、通信接口、电源接口等，支持与其他传感器组件（如光电传感器、传送带等）构建多样的教学场景。

除了以上产品本身的 3 个优势，智能机械臂的差异化定位也是其亮点之一。智能机械臂由三个部分组成，其一为包括视觉、语音感知的感知模块，其二为 Magic Box 的决策模块，其三为 Power Box（电源箱）的执行模块。这使得智能机械臂形成了感知、决策、执行的闭环。该产品的定位是为人工智能在学校的普及搭建硬件支撑平台。

越疆科技创始人刘培超指出，他们研发智能机械臂的初衷并不只是为了提高学生的技术水平，更希望在产品的实践中激发学生学习的热情、培养他们的创新能力和协作能力。在这样的锻炼下，学生才能够创新思维模式，更加适应智能时代。

7.3.2 索尼 KOOV：可编程的教育机器人

相信在大家身边总有几个“不爱学习的学霸”，你常常看不到他们认真学习的身影，但每次考试他们却总能名列前茅，就如同电影《三傻大闹宝莱坞》里的主人公兰彻一样，常常在玩，考试却总是年级第一。这时你会不会产生这样一个疑惑，为何别人学习那么好，换了自己就不行，难道因为天生就有差距吗？

其实事实并非如此，有效的学习方式，或者说，富有逻辑的思维习惯才是决定学习成绩的必要条件。大多数人的智力相差并不大，这些“不爱学习的学霸”更多的是由于他们后天掌握了富有逻辑的思维方式，于是做起事情来常常事半功倍。

当前，很多家长都喜欢给学生报各种辅导班、培训班，以期能够培养学生学习的兴趣，但即便这样仍有很多学生成绩平平，造成这一结果的一部分原因就是这些学生没有掌握科学的思维逻辑。对于学生的成长来说，学习兴趣和思维逻辑的培养缺一不可。

作为 K12 教育机器人中的一款经典产品——索尼 KOOV 可编程机器人在培养学生的思维逻辑方面就十分出色。索尼对 KOOV 的定义是“一套可编程教育机器人”，它以编程式教育来激发学生兴趣，锻炼学生动手能力及编程逻辑思维的智能机器人。

编程是人工智能的基础，其蕴含的思维方式更是新时代人才所必备的科学素养之一。而 KOOV 集成了各种电子元件，学生通过编程就可以使 KOOV 运动起来。这种创造机器人、给予机器人“智慧”的过程让学生倍感有趣，也能促使他们积极地学习编程知识。

组装机器人并不是一件简单的事情，它需要学生发挥极大的想象力和归纳力，而机器人拼接的过程也能够锻炼学生的空间想象能力及实践能力。同时，机器人的活动关节的设计能够锻炼学生的设计规划能力，学生在编辑程序时也能够锻炼其逻辑思维能力，使其思维更加严密。这个呆萌可爱的小乌龟便是用索尼 KOOV 组装出来的机器人，如图 7-3 所示。

图 7-3　用索尼 KOOV 组装出来的乌龟机器人

构成 KOOV 的零件非常丰富：各种颜色的半透明磨砂模块，在吸引学生的同时也能够培养学生的艺术感，且模块的颜色以经典的三原色及其补色为主，能够帮助学生强化对颜色的认知；六面可拼插的形状模块具有不同的功能，学生能够在拼搭的过程中充分发挥创造力，进而加深其对物体构造、视觉及触觉的认知；KOOV 的元器件十分丰富，控制主板依据设定好的程序控制所有的电子组件，如直流电机、LED 灯、蜂鸣器、光敏传感器等，让学生在编程中充分发挥自己的想象力。

在组装好机器人后，这个机器人是如何通过“可编程”功能动起来的呢？其实，KOOV 的编程并非传统意义上的代码编程，它只需学生把命令按照一定的逻辑顺序排列，一一拖拽及填空即可。如学生填好控制、动作、运算符、变量等命令，最终就能使机器人动起来。当然这需要学生完成具有逻辑性的填空，否则机器人无法行动。学生可以在编程的过程中通过对机器人的控制来检测自己的逻辑是否正确，并在不断尝试的过程中完善自己的编程。

此外，KOOV 的说明书也与一般的产品不同，它的说明书为电子版，说明书不仅详细介绍了每个模块及电子元件的作用，还包括 3D 演示的机器人组装教程。这些教程可以通过鼠标拖曳放大、缩小，可以 360 度展示模型，并且所有步骤都显示得一清二楚，这一设计十分人性化。

此外，KOOV 软件平台中还包括“创意工坊”“机器人乐园”“进阶教室”等功能。其中，“创意工坊”拥有各国的 KOOV 使用者，大家可以在平台上展示自己的创意，如果学生遇到某些难题或有一些新奇的想法，可以通过“创意工坊”与其他使用者交流。

综上所述，KOOV 的可玩性很高，功能也十分实用，可以做到寓教于乐。而在编程方面，KOOV 也是学生编程启蒙的“优秀教师”。

第8章

智能教育助推素质教育发展

《2018年素质教育行业分析报告》显示，2018年，素质教育行业融资数量为196起，融资总额为117亿元左右，资本的大量流入促进了素质教育的发展。

2019年被人们称为5G商用元年，5G技术的成熟和商用推广、人工智能技术的发展也助推素质教育的发展。随着智能教育时代的到来，培训行业将迎来较大的发展契机。

8.1 素质教育的强化

素质教育显然已经成为未来教育发展的主要趋势，市场消费升级、大量资金的注入、教育巨头的发力，都使得素质教育领域发展火热。尤其是在人工智能赋能下，素质教育更加智能化。

8.1.1 素质教育进入发展的黄金时期

创投圈是市场趋势的风向标，2018年，素质教育融资接近200起，其中不乏亿元以上的大额融资。从2018年至今，素质教育已经进入了发展的黄金时期，其原因主要有以下几个。

首先，教育改革正在稳步进行之中，国家政策的鼓励、财政教育支出的支持等都在推动素质教育发展。

全面推进素质教育的过程是艰难的。国家发布的多项政策表明，全面推进素质教育是教育改革的重点内容。素质教育学科在升学考试中的分量越来越重，随着艺术、体育、信息化等学科加入考试体系，传统应试教育内容的核心地位也在逐步改变。

从财政分配方面来看，我国在教育方面的财政支持越来越多，尤其是在素质教育行业，2018 年全国教育经费总投入超 46000 亿元。政策支持是素质教育快速改革发展的主要动力。

其次，“90 后”新家长群体成长了起来，他们对于科技的发展和社会的变化是非常敏感的。这些新家长群体对于教育很重视，更愿意在孩子的素质教育方面花钱。

人们的收入与精神文化消费呈正相关。国家统计局 2019 年 1 月公布的数据显示，2018 年全国居民人均可支配收入为 28228 元，同比实际增长 6.5%。同时居民在教育文娱方面的支出也在逐渐增加，2018 年全国居民人均教育文化娱乐支出为 2226 元，比上年增长 6.7%。

信息爆炸的人工智能时代对人才的要求越来越高，掌握先进技术的创新型人才是当下社会的需求。因此，同时提升学生知识与能力的素质教育变得越来越重要。

“90 后”新家长群体很关注这些趋势，他们倾向于选择更好的教育资源来帮助孩子成长。“90 后”新家长群体是伴随着互联网的发展而成长的一代人，在教学形式上他们更容易选择在线教育。此外，在线教育打破了空间界限，让偏远地区的学生也能轻松获得优质的教学资源。这些因素都促进了素质教育的发展。

最后，和应试教育相比，素质教育是为了全面提高学生的人文素养和创造力。素质教育更注重培养学生的能力，在没有升学压力的情况下，素质教育的产品更容易拓展。与应试教育不同，素质教育更多的是培养学生的社交能力、艺术素养等综合能力，能够提升学生的人文、科学素养，帮助他们成长。

政策与资金支持、市场需求增加、产品易拓展等因素促使众多企业纷纷在素质教育领域发力。而所有的因素都将推动素质教育的快速发展，素质教育已经进入发展的黄金时期。

8.1.2 素质教育融资市场火热

近两年，由于教育政策的调整，素质教育逐渐成了教育领域发展的新风口、新方向。在政策的引导下，校内课后服务市场更加开放，素质教育与学校的关系更加密切。同时，大量的资本也纷纷流入教育市场，素质教育各细分领域发展得更加火热。

2018 年被人们称为素质教育发展的元年。居民消费水平日益提升，家长越来越注重孩子的全面及个性化发展，再加上人工智能等技术为教育行业赋能，巨大的市场需求吸引了众多资本相继涌入素质教育领域。中国产业信息网 2019 年 7 月公布的数据显示，2018 年至 2019 年 4 月，素质教育领域产生的融资案例共为 167 起，融资规模达 57.07 亿元。

从教育机构来看，各细分领域的头部机构已经实现了营收规模化，其未来在更多资本的支持下必将会迎来更大的发展。中国产业信息网 2019 年 7 月公布的数据显示，2018 年至 2019 年 4 月，素质教育领域获亿元以上融资的案例共为17起,其中STEAM教育、艺术教育、少儿英语等领域流入了大量的资本，此外生活素养方面的全脑开发领域也获得了众多资金的支持。

政策引导、资本流入、居民消费升级等因素为素质教育的发展提供了良好的大环境。此外，一些学科类培训企业为扩展新业务，可能会转型到素质教育领域，因此，素质教育竞争加剧也是未来发展的趋势。

8.1.3 教育巨头发力素质教育

大力发展素质教育是未来教育培训领域发展的趋势。在未来，素质教育将成为教育培训行业的焦点。对于素质教育，不同的教育巨头有不一样的解读与部署。

新东方创始人俞敏洪对教育颇有情怀，甚至有“心忧天下”的情结。他曾讲道：“素质教育不是服务于某个功利主义的目标，而是一个人的全面培养,包括道德情操、文化内涵的培养,积极个性、阳光情绪的培养，团队精神、合作能力的培养，以及创造性思维、解决问题能力的培养。”

而好未来创始人张邦鑫对素质教育的理解则紧紧围绕着STEAM等学科培养的维度。目前好未来已经投资了爱棋道、鲨鱼公园、科学队长、宝宝巴士等素质教育项目，积极推动素质教育相关业务的发展。

同时重视素质教育的还有掌门1对1。2018年11月，掌门1对1确立了其“素质教育科技公司”的新定位，并且发布了“掌门陪练”等素质教育子品牌，在青少年音乐教育方面发力。

在教育巨头助力素质教育发展的过程中，在线教育也获得了很好的发展，在线1对1教学平台能够兼容小班课。在素质教育领域中，各在线平台具备了在更多细分品类上的延伸能力。

切入细分品类是在线平台在发展到一定的规模后的发展趋势。这意味着市场上其他未变革的在线平台可能会出局，而素质教育领域也将迎来在线平台的跨界融合。

8.1.4 人工智能推进在线教育与素质教育深度融合

2018年，随着人工智能在教育领域应用的深入，传统的教学模式被改变。一些人对于智能教育有很大期待，甚至做出了“教育机器人将替代人类教师”的预测。

这不禁引起了很多人的思考，教育机器人的确存在很多优势，但它真的能够代替人类教师吗？这种预测显然是不科学的，教育学生并不只是知识的传递，“育人”也是教师的重要职责之一。虽然教育机器人在授课方面更加智能，但是教师“育人”的工作是教育机器人所不能取代的。因此，教育机器人更多的是作为人类教师的助手来辅助教师教学。好未来将人工智能应用在“双师模式”上，教师的工作以“育人”为主，而教育机器人则作为教学助手辅助教师教学。

人工智能能够促进在线教育与素质教育更好地融合在一起。1 对 1 在线教育的模式和师生个性化的教学内容会产生大量的数据，而具有大数据分析能力的教育机器人可以快速统计、分析这些数据，为每个学生提供个性化的学习方案。

同时，与学科辅导重视效果训练不同，素质教育更强调学生学习能力与认知能力的培养。教育机器人在课堂数据可视化、情绪监控、学情跟踪、智能批改作业等方面具有优势，能够有效提升教师的管理效率和学生的学习效率。

掌门 1 对 1 联合创始人余腾曾谈起自己对素质教育和智能教育的思考："要让更多地区的学生共享线上优质教育，也要引入人工智能让教学过程智能化，这样学生学习才能高效和快乐。"而教育机器人可以为学生和教师减负，教育机器人将成为素质教育助攻手。

当前学生全面发展的成长需求助推了素质教育的发展，素质教育不应该只是口号，而应在更多的中小学生中推广开来。只有学生获得综合能力的全面提升，在素质教育中培养自身的学习能力和创新能力，他们才能跟上时代发展的脚步，成长为社会需要的创新型人才。

因此，如何深化人工智能在素质教育领域的应用是每一个教育巨头都需要思考的问题。人工智能与在线教育的结合将激发惊人的潜能，人工智能将推动在线教育与素质教育的深度融合。人工智能将在教学个性化的发展中发挥至关重要的作用，其在素质教育领域中的应用使大规模、批量式的1对1个性化教育成为现实。素质教育与人工智能的深度融合将重塑教育理念，帮助教师更好地实现因材施教，从而促使学生在学习中更好地发挥自己的潜能。

8.1.5 智能素质教育成为发展趋势

自素质教育提出以来，素质教育和应试教育的博弈就从未停止过。对于搞素质教育，有家长支持，也有家长反对，一些家长认为“升学率”是教学的核心，如果学生寒窗苦读十几年换不来一张名校通知书，那求学的意义也将大打折扣。

素质教育没有升学率的压力，教育效果也不能立竿见影，但是，素质教育能够全方位地培养学生的文化素养和综合能力。它更能够让学生在学习中发现自己的天赋，培养自己的兴趣。

而现在，人工智能在教育领域的应用将给学生带来全新的教育体验，也将使素质教育在人工智能的推动下飞速发展，未来的素质教育将向着智能素质教育的方向发展。智能素质教育有5大关键词：可分享、更方便、更公平、更智慧、更生动。

1. 可分享

智能素质教育下的可分享不同于简单地分享事情或消息，不是分享学生的某一瞬间或学校的某一项活动，而是使学生学习能力提高的过程、教师教学的过程和家长陪伴学生成长的过程实现共享，其中的每个环节都是透明开放的。可分享的智能素质教育能够全面、细致地记录学生成长的过程。

2. 更方便

人工智能的应用让教育变得“便捷”起来，教师可以利用各种智能设备实现对学生的管理。此外，家长与教师的沟通也可以通过各种智能设备进行，这不仅为沟通提供了便利，同时，借助智能设备，家长也可全面地了解学生的学习情况。

3. 更公平

教育公平一直是教育发展极力实现的目标。智能化的学习平台为偏远地区的学生提供了优质的学习资源，改善了当地教育资源匮乏的现状，使不同地区的学生接受更平等的教育。

4. 更智慧

智能素质教育可以记录学生在课堂上的表现和学习成果，还能为教师提供新知识和教学新思路，扩宽课堂的知识广度，让教师和学生能够从中受益。

5. 更生动

智能素质教育和传统教育相比，最大的特点就是能够使课堂更生动。智能素质教育通过有趣的学习场景吸引学生，激发学生学习的主动性，从而有效提高学生的学习效率。

素质教育能够在潜移默化中培养学生的学习能力和创造能力，这也是素质教育的价值所在。随着社会的发展和对高素质人才的需求的加剧，突破应试教育的学习内容，培养学生的综合素质对于学生来说是十分重要的，这能使他们更好地面对未来生活的挑战。而智能素质教育的发展不仅为学生提供了更丰富的教学资源，更有效平衡了素质教育和应试教育之间的关系，使素质教育获得更广阔的发展空间。

8.2 教育机构推动素质教育的发展

作为教育改革的重点内容，素质教育培训领域蕴含着巨大的市场。当前，好未来与新东方两大巨头正在积极布局素质教育领域。此外，掌门1对1等互联网教育新兴“独角兽”也将素质教育作为未来发展的重点内容，致力于培养学生的综合素养。

8.2.1 好未来推出人工智能智学系列产品

好未来素质教育事业群又称好未来CFG事业群，其工作目的为全面夯实内容和素质教育的业务体系，使素质教育的资源配置更合理、发展思路更清晰。好未来素质教育事业群旗下有摩比思维、爱棋道、学而思轻课、ABCtime、熊猫博士等品牌，致力于素质教育的创新与合作。

2018 年 12 月，好未来素质教育事业群推出了两款人工智能教育产品——爱棋道悟空 AI 和 ABC Reading 智学产品。爱棋道悟空 AI 能够实现线上对弈，旨在解决学生学习围棋过程中的“对弈难、复盘难”等问题，其主要有 4 大特点，如图 8-1 所示。

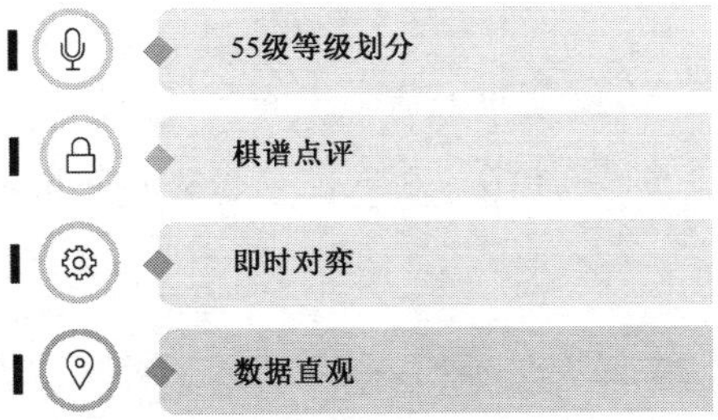

图 8-1 爱棋道悟空 AI 的 4 大特点

1. 55 级等级划分

爱棋道悟空 AI 拥有完善的等级划分体系，能够根据学生水平为学生划分等级，使学生能够匹配到和自己水平相当的学生。另外，爱棋道悟空 AI 还可根据不同学生的弱点进行个性化陪练，使学生能够有针对性地克服弱点，提升自己的水平。

2. 棋谱点评

爱棋道悟空 AI 具有胜率图趋势显示、变化图点评、棋谱收录等功能。人工智能系统通过分析学生对局情况的数据，能够快速找到学生在对局中存在的问题。同时，系统还能在学生失误最明显的地方给出细致的分析图，告诉学生哪里出现了问题并告诉学生正确的下棋思路。

3. 即时对弈

利用爱棋道悟空 AI，学生可以随时在线下棋，不再有对局的等待时间，节省了时间。

4. 数据直观

爱棋道悟空 AI 可全面记录学生的对局数据，辅导教师也可随时监测学生对弈的详细情况，从而能够根据学生的对局信息进行个性化指导。

ABC Reading 智学产品是 AI 智学与教育结合的典型应用。其利用人工智能技术有效提高了产品的个性化服务能力，为学生的学习打造专属感。同时，ABC Reading 智学产品从多方面提升了产品与学生的交互形式。

首先，ABC Reading 打造的 VR/AR 沉浸互动场景不但可以保护学生的眼睛，还可以培养学生的专注力。同时，其能够实现亲子阅读等学习模式。其次，ABC Reading 拥有童音英语识别引擎，能够更好地识别儿童英语发音，也拥有优质的在线互动阅读内容。

科技是提升素质教育质量的有效手段，随着人工智能技术的发展和 5G 网络的普及，好未来在素质教育方面也将迎来更好的发展契机。

8.2.2 新东方发布全新STEAM科学课

2019年7月，新东方旗下的少儿教育机构——斯林姆国际教育发布了全新的STEAM科学课。在发布会上，新东方和日本学研控股集团达成了合作，双方将共同推动素质教育的创新和发展。此次新东方发布 STEAM 科学课将使更多的学生学习到更优质的科学内容。

STEAM科学课既包括《义务教育小学科学课程标准》要求的内容，又对标美国NGSS（新一代科学标准）框架，同时包括专业的定制教具和独具特色的翻转课堂，是一款符合中国学生学习习惯的国际化科学课程。

随着社会的发展，人才需求也在不断变化，综合素养、创新能力成为当今社会对于人才素质的需求。斯林姆国际教育以STEAM理念为基础，设计了一系列素质教育综合课程，旨在培养学生的科学认知能力、探索实践能力及全球视野等。STEAM科学课将教学内容与智能交互课堂相结合，使学生能够享受多元化素质教育的乐趣。STEAM科学课的优势主要体现在以下几个方面。

1. 锻炼学生的动手能力

STEAM科学课程符合《义务教育小学科学课程标准》的要求，科学课程包括空气、磁、电力、动力等内容。同时，STEAM科学课程能够在课堂中做各种科学实验。

实验器材是根据课程内容量身打造的，选材和设计都符合学生的使用习惯。安全的实验器材能够让学生在安全高效的课堂中手脑协作，发散思维，进行科学实验。

2. 与日本学研教育共同打造开放式课堂

在STEAM科学课程体系的研发过程中，斯林姆国际教育与日本学研教育合作，整合各自优质资源，致力于为学生打造更优质的素质教育课程。

自1946年日本学研教育成立以来，其专业的科学产品陪伴着日本一代代学生的成长，旗下的“学研科学实验课程”更是为学生提高科学素养提供了系统化的学习课程。在发展过程中，众多科学领域的专家、学者都参与过其科学课程的研发，这使其课程体系更加完善、更加科学。

科学课程融合了乐趣、探索、发现三大因素，为学生提供体验和实践的机会。学生在实验过程中能够学会如何面对失败，并在不断的尝试中锻炼自己的思考能力。因此科学课程不仅能够使学生学习科学知识，还能培养他们独立思考的能力，这对于学生的成长来说是十分重要的。

全新STEAM科学课程的发布无疑扩大了新东方素质教育的版图。“综合素质正成为考核未来人才的重要标准。除了知识的积累，新东方强调培养孩子的独立人格和探索精神，为他们的全面成长创造价值。”俞敏洪在致辞中表示：“学研教育精益求精的治学态度令人钦佩。相信此次合作不仅能够整合中日优质教育资源，推动素质教育在中国的发展，也将更好地发现、点燃、培育孩子们严谨细致的科学精神和创造力，为未来综合素质的建立、自我价值的实现奠定基础。”

8.2.3 掌门1对1持续深耕素质教育

随着素质教育培训机构的不断涌现，素质教育市场中的竞争也逐渐变得激烈。如何在激烈的竞争中占据优势地位，如何吸引更多用户的关注是每一家教育机构都需要思考的问题。

当用户选择教育机构时会考虑多种因素，包括教育机构的师资力量、口碑、课程设置、品牌知名度等。这些因素也成了衡量各教育机构竞争优劣的指标。而掌门1对1凭借其在K12在线教育市场的积累，已具备了在素质教育行业布局的核心竞争优势。

首先，掌门1对1凭借其良好的品牌形象，能够吸引更多用户的关注，为其在素质教育的布局打下了坚实的用户基础。

品牌在用户心中的认可度决定了用户的购买行为。对于时间成本难以节省的教育行业而言，品牌的口碑是其打造核心竞争力的重要内容。而教育机构的续费率无疑是口碑的直接反映。

当前，掌门1对1在K12在线1对1全科辅导领域拥有60%左右的市场占有率，其续费率超过80%。这说明它的服务品质已通过了市场检验，被很多用户认可。这样的品牌势能为其在素质教育领域的发展奠定了基础，从而使得其子品牌掌门少儿、掌门音乐等应用更快地在素质教育领域打开市场。

其次，掌门1对1拥有完善的教师培训体系和教研团队，师资雄厚。掌门1对1可利用机器视觉等技术监控课堂，判断教师的授课质量并重新培训不合格的教师。而在教研方面，掌门1对1在后端投入了巨额资金，建立了规模超过万人的教研团队。同时，其拥有自主研发的教学材料超过120万套，拥有各学科的题库资源1200万套。总之，掌门1对1在师资和教材体系上都具有丰富的资源。

针对素质教育在标准及规模方面需要解决的问题，掌门1对1在课程、师资管理、教研团队等方面的丰富经验及资源，都可有效应用于素质教育中。如果掌门1对1能够通过其成熟的体系，在培养优质教师的同时实现优质教师效率的最大化，实现与大量学生的精准对接，那么其很有可能成为素质教育领域的领军者。

最后，掌门1对1十分重视先进技术在素质教育领域的应用，尤其是人工智能技术。掌门1对1通过人工智能赋能素质教育，并结合大数据、云计算等技术让素质教育实现了个性化教学。各种先进技术的融入也能够为教师减负，让教师有更多的精力关注学生，帮助学生在完善的教学中实现全面发展。

在授课过程中，掌门1对1的虚拟人工智能教师可以从多维度测评学生的学习状态和学习效果。虚拟人工智能教师既能通过语音交互问答等方式测评学生知识的掌握情况，也能通过情绪识别功能了解学生的情绪变化。科学化的反馈能够为教师调整上课节奏提供必要的科学依据。

在课后，人工智能系统也能实现精准的课后作业推送和智能批改作业，甚至能够智能生成教学内容切片，制作智能课件。教师也能够根据人工智能系统提供的科学数据为学生打造个性化的教学方案。

在 5G、人工智能等技术的赋能和教育机构的推动下，素质教育会得到进一步的发展。未来教学不仅能打破空间壁垒，进一步实现教育公平，还能实现规模化的个性化教学服务，使更多学生体验到个性化教学的优势，更好地激发自身潜能。

第9章

智能教育发展的机遇和挑战

依托各种先进的技术，智能教育比传统教育更具优势。智能教育让个性化教育成为趋势，提高了学生的综合素养和创新能力。同时，智能教育的发展将加快全球课堂的普及，使优质教育资源全球共享成为可能。在教学层面，各种人工智能应用能够取代教师大部分的重复性工作，使教师的教学工作更加高效。

智能教育的优势十分明显，其发展也是大势所趋。政策的支持、资本的推动和科技的发展都为智能教育的发展创造了机遇。但同时，智能教育的发展也存在不少挑战，人才缺口、教师身份难以转变、信息的安全性难以保障等都是智能教育发展过程中必须面对的问题。

9.1 智能教育的优势

在新的发展形势下，传统教育难以满足未来社会对人才的需求，这时，更加科学、高效的智能教育就显示出了自己的优势。智能教育能够让更多的学生获得更优质的教育资源，同时其教学也更具个性化、效率更高。

9.1.1 个性化教育成为发展趋势

未来，人工智能不仅会与大数据等技术相结合，同时还会与5G、VR/AR 等技术相结合，并广泛应用于教育领域，使教育的个性化特点更加凸显。

在传统的教学模式中，学生多是通过书本来学习知识，而这些知识是相对固定的。学生以年龄、学习程度等为依据被分类，接受标准化的教学。在标准化的模式中，每个学生学习中的不同的潜能难以被开发。

而以大数据、云计算等技术为依托的人工智能技术能够打破这种弊端，实现个性化教学。大数据技术可以搜集、统计学生在学习各个阶段产生的多样数据，并对这些数据进行整体分析，以发现学生学习过程中存在的问题。

人工智能在教育领域的应用使教育个性化成为现实。人工智能系统可以对海量的教材和大量的教师、学生做特性分析并标注不同的标签。之后，系统可以依据学生的兴趣、能力等特征为其量身定制课程，并在课程中精准匹配最适合的教师、教材。同时，系统还会根据学生的自我测评、教师测评等相关参数，动态调节学生的课程，从而实现个性化教学。

此外，在人工智能系统中引入人脸识别技术，可以精准采集教师、学生上课时的面部表情并以此分析其情绪。这样人工智能系统能够深度采集师生之间的互动数据，以便系统根据学生的情绪变化来调整学生的学习课程，进一步提升课程与学生匹配的精准度。

9.1.2 促进学生综合素养和能力的提高

随着社会的发展，核心素养的培养成为教育的热门话题。这些素养包括问题解决及创造能力、自我认知和自我调控能力，也包括具有批判性思维、公民责任感等。

在智能教育时代，在人才的素养和能力培养的过程中，人工智能发挥着重要的作用。社会信息化的发展推动人工智能不断进步，同时，新时代对于人才核心素养和能力的培养存在着巨大需求。在这种背景下，人工智能的作用越来越凸显。

随着技术的发展，教育领域存在的规则知识、自然语言处理、情感识别等方面的问题，都会在未来逐渐被解决。而人工智能可以成为学生的朋友，为学生制定个性化的教学方案并开展个性化的教学，使学生在学习中更好地发挥自己的潜能，提高自己的综合素养和综合能力。

9.1.3 加快全球课堂普及

在全球化趋势下，全球课堂的普及能够为学生打造深度学习的环境，并能够打破学习的时间和空间限制，使身处世界各地的学生随时随地获得优质的教育资源。随着智能教育的发展，相信这一教学模式会在不远的未来被实现。

全球课堂旨在为学生提供一种随时随地可访问的、学生深度参与的学习环境。在这种学习环境中，处于不同学习阶段的学生都能获得良好的学习体验。智能教育的发展能够促进全球课堂的普及，提高知识的共享程度。

在当前的教育模式中，慕课可以说是全球课堂的雏形。依托慕课，学生可以随时随地获取来自世界各地的优质教育资源。但慕课也存在一些缺陷，其过于重视知识传递而忽视了对学生学习能力的培养，同时，其对学生本身的知识水平有所要求，只适用于具有一定知识水平的学生。

虽然慕课为当前的教育带来了一些改变，但是这种改变是很有限的。而智能教育下的全球课堂能够为不同学习阶段的学生提供一个平台，能够为学生打造一个实现认知发展和协作学习的全新的学习环境，这将打破慕课的局限性。

9.1.4 减少教师的重复性劳动

在当前的教育模式中，教师的课上教学、课下批改作业等工作存在重复性。而要想改进教师的教学，教师就需要更多的时间来创新教学方法。如果教师长期花费大量时间在重复性工作上，不仅难以提高教师的教学水平和教学效率，还会造成教育资源的浪费。

而未来随着智能教育的发展，人工智能技术和多媒体等教学手段的结合能够形成开放式的教学系统。学生可以根据自身需求向系统索取内容，系统也可以根据学生的知识水平和学习能力因人施教，实现个性化的自适应教学。

此外，随着人工智能技术的发展和其与 VR/AR 等先进技术的结合，越来越多的人工智能应用被投入到教育领域中，成为教师和学生的好助手。教育机器人可以帮助教师完成教学中的重复性工作，如点名、监考、批改作业等，也可以帮助教师整理教学资料，辅助教师备课。

各种教育机器人的研发和投入使用，将教师从大量的重复性工作中解放出来，提高了教师的工作效率。这使教师能够将更多的时间用在教学研究上，从而不断优化自己的教学方式，为学生提供更好的学习体验。

9.2 智能教育发展的机遇

当前的大环境为智能教育的发展提供了众多良好的发展机遇。首先，国家层面支持发展智能教育；其次，教育市场融资迎来井喷式发展，大量资金的注入为智能教育的发展提供了资本支持；最后，5G、VR/AR 技术的发展和其与人工智能技术的融合为智能教育的发展提供了强大的科技动力。

9.2.1 政策支持

当前，随着人工智能技术的快速发展和其在各行业的应用，人工智能与教育的融合发展也变得越来越重要。我国十分重视人工智能技术在教育领域的应用，并出台了相关的政策。这些政策的出台为智能教育的发展提供良好的政策环境。

2016 年 5 月，《“互联网+”人工智能三年行动实施方案》发布，该方案明确指出人工智能是建设知识经济时代创新性强国的推动力。

2017年7月，国务院印发《新一代人工智能发展规划》，提出要建立人工智能教育体系，建设人工智能学科，在中小学阶段开设人工智能课程。

2017年10月，党的十九大报告提出“要推动互联网、大数据、人工智能和实体经济深度融合”。2017年的政府工作报告也指出“实施大数据发展行动，加强新一代人工智能研发应用”。

同样在2017年10月，教育部发布了《关于全国计算机等级考试（NCRE）体系调整的通知》。该通知明确自2018年3月起，在计算机二级考试中增加“Python语言程序设计”考试科目。

2017年年底，Python被加入山东小学教材并被浙江省列入高考内容。在山东省目前使用的小学信息技术六年级教材中已有Python内容。同时，2017年12月，浙江省信息技术课程改革方案规定Python进入浙江省信息技术高考。且从2018年起，浙江省信息技术教材编程语言从VB语言更换为简单、易懂的Python语言。

2018年1月，人工智能加入全国高中新课标，并于2018年秋季学期开始实施。教育部发布《普通高中课程方案和语文等学科课程标准（2017年版）》，将人工智能、物联网等正式划入新课标。

2018年4月，教育部发布了《高等学校人工智能创新行动计划》，从高等教育领域推动人工智能发展。

2018 年 5 月，《教育信息化 2.0 行动计划》发布，它指出“要以人工智能、大数据、物联网等新兴技术为基础，依托各类智能设备及网络，积极开展智慧教育创新研究和示范，推动新技术支持下教育的模式变革和生态重构”。

2019 年 1 月，北京、广州、深圳、武汉、西安五个城市成为中小学人工智能教育第一批试点落地城市。

2019 年 2 月，中共中央、国务院印发《中国教育现代化 2035》，提出要“加快信息化时代教育变革。建设智能化校园，统筹建设一体化智能化教学、管理与服务平台。利用现代技术加快推动人才培养模式改革，实现规模化教育与个性化培养的有机结合。创新教育服务业态，建立数字教育资源共建共享机制，完善利益分配机制、知识产权保护制度和新型教育服务监管制度。推进教育治理方式变革，加快形成现代化的教育管理与监测体系，推进管理精准化和决策科学化”。

智能教育的发展离不开国家政策的支持。在这些政策的引导下，不少学校开始加强与科技公司的合作，在人工智能与教育的结合中不断探索。

9.2.2　资本推动

2017 年以来，教育领域的融资呈井喷式，上亿元的融资并不罕见。

2017年，在线少儿编程品牌编程猫获得1.2亿元B轮融资；为5～12岁儿童提供英语教学的网站爱乐奇获得3750万美元D轮融资；中小学在线教育辅导品牌掌门1对1获得1.2亿美元D轮融资，这是掌门1对1在2017年获得的第二笔融资，上一轮C+轮融资在2017年7月完成；在线少儿英语的教育机构VIPKID获得2亿美元融资。

2018年，互动作业平台一起教育科技获得2.5亿美元融资，猿辅导获得3亿美元的融资，并且二者都表示将深耕人工智能课堂。主打自适应教育的松鼠 AI（乂学教育旗下品牌）的创始人栗浩洋表示乂学教育累计融资已达10亿元人民币。

2019年7月，在线教育机构“小盒科技”获得1.5亿美元融资，这些资金将主要用于人工智能课程的技术研发。这是2019年继在线人工智能英语教学平台葡萄学院融资1.5亿美元后，教育领域又一起上亿级的融资。

青松基金创始合伙人刘晓松曾表示：“教育的个性化决定发展的‘慢节奏’，但未来十年教育产业会有很好的成长，市场空间巨大。”从无序到饱和，在资本注入的过程中，教育行业内的分化、洗牌不可避免。

2019年4月，《教育蓝皮书：中国教育发展报告（2019）》发布。该报告显示，截至2018年6月，已发生137起教育行业投资案例，投资总额已达25.7亿美元，已经超过2017年全年的15.8亿美元。

自“将教育搬上互联网”的概念快速火热后，在线教育机构的成长速度大幅提高，这也令资本市场闻风而动。尤其是以 BAT 为代表的互联网巨头纷纷开始在教育领域布局，并搭建基础设施，如云服务、课程平台、文库等。

而在 2017 年 9 月，新修订的《中华人民共和国民办教育促进法》将民办学校明确划分为营利性与非营利性两类。该法的实施为民办教育机构资产证券化扫除了障碍。21 世纪教育、环球优学等公司随后纷纷递交了招股书拟赴港上市。

同时，资本市场上的民办教育机构之间的竞争也十分激烈。新东方与好未来两大教育巨头市值均为百亿美元，民生教育、枫叶教育等民办学校的利润均有一定幅度的增长。

新东方与好未来两家公司近几年在教育行业的布局、投资、并购等行为，也对教育行业的发展起到风向标的作用。两家公司在教育领域进行了深入布局，分别投资了许多教育行业的独角兽公司。IT 桔子 2018 年公布的数据显示，新东方在教育行业共投资了 34 家公司，此外，俞敏洪为其担任合伙创始人的洪泰基金投资了 15 家教育公司，好未来则共计投资了 66 家公司。

智能教育是未来教育发展的趋势，两家公司对此都十分重视。那么，新东方与好未来是如何进行智能教育融资的呢？

1. 新东方：智能教育该投还得投

2017 年 8 月，俞敏洪在亚布力中国企业家论坛夏季高峰会上分享了新东方智能教育融资的情况，他表示新东方已经在互联网、人工智能等相关领域投资了 15 亿元人民币，“（投出去的钱）打了水漂，投资完了我发现仅仅只有上网查数据的速度快了点”。

即便俞敏洪如此调侃，他对于人工智能在教育行业的应用还是十分看好的。无论是内部布局还是合作投资，俞敏洪都在发力。

（1）内部布局

2017 年 6 月，俞敏洪于亚布力青年论坛创新年会中透露，在人工智能的应用方面，新东方已有成功的案例，即教育机器人可以整理知识点并进行教学设计，然后向学生传授知识点。

2017 年 4 月，新东方旗下品牌新东方在线发布“知心托福”，它搭载着新东方在线最新研发的自适应学习引擎，能够依据学生对知识点的掌握情况进行个性化推送。

2018 年 6 月，俞敏洪邀请斯坦福大学专家加入新东方人工智能实验室。此外，新东方还成立了人工智能研究院，在加速研发“科技+教育”类产品。

（2）合作投资

2017 年 11 月 ，新东方旗下的“酷学多纳”与华硕合作，为华硕发布的教育机器人 Zenbo Qrobot 定制互动内容。

同样在 2017 年 11 月，新东方和科大讯飞共同成立的公司“东方讯飞”发布了首款人工智能学习产品 Real Skill。该产品可以对学生的口语、写作等进行评分及指导。

2. 好未来：押注人工智能

与新东方一样，好未来对人工智能领域的投资也十分重视。好未来对人工智能的关注最早是在2016年。在2016年好未来年会上，好未来CEO张邦鑫曾表示，在未来十年内，好未来将从一个运营型公司成长为一个数据驱动的科技公司。

2017年8月，好未来建立AI Lab人工智能实验室。该实验室专注于计算机视觉、语音识别、机器学习等技术在教育行业的应用，并将主要力量集中在搭建人工智能平台、研发人工智能产品等方面。

同年10月，好未来宣布和清华大学共同建立“清华大学（计算机系）——好未来智能教育信息技术联合研究中心”。2018年1月，好未来成立脑科学实验室，推动“人工智能+教育”的研究和产品落地。2018年7月，好未来举办“2018年好未来人工智能大会”，在大会上，好未来推出WISROOM智慧教室，并将“魔镜”系统升级为教学效果智能评测系统。

2019年7月，好未来举办了“2019年好未来TI教育智能大会”，在会上，好未来发布了人工智能开放平台，其中包括WISROOM智慧教室2.0版本。除此之外，好未来也介绍了其教研云、乐外教等人工智能产品。

好未来在人工智能方面投入了大量的人力、财力，过去7年有约5000名科研工作者参与引擎研发，并且好未来在人工智能方面投入的研发经费已经超过10亿元。

从种种迹象来看，好未来与新东方在未来很有可能会继续在“人工智能+教育”领域加大投入，相信未来的智能教育市场会吸引更多的资本流入。

9.2.3 科技发展

科技的发展也是推动智能教育发展的一大动力，尤其是随着5G时代的到来，“互联网+教育”迎来发展的新机遇。

随着移动通信技术的高速发展，5G与教育行业的结合将为教育行业带来美好愿景。其中，“5G+云VR/AR+教育”将创造一种新的教学模式。

具体来讲，在5G的快速发展下，教育行业在以下3个方面存在较大的市场机遇。

1. “VR/AR+教育”迎来大爆发

受限于当前的技术，VR/AR在教育中的应用较少。一些企业通过游戏的形式向学生提供VR/AR教育产品，但普及程度很低。

而5G具有大宽带和高传输速率的优势，VR/AR产品运行中产生的数据和计算可以通过云平台进行，而5G网络能够保证云端与终端间的数据实时传输，有效地改善了VR/AR产品的画质和用户体验。

在5G技术的助力下，VR/AR技术可以创新更多的应用场景。

首先，VR/AR技术可以创造出此前难以实现的教学场景，如地震、消防等场景的模拟演习；其次，VR/AR技术可以通过教学实验模拟高成本、高风险的场景，如车辆拆装、手术等；再次，VR/AR技术能够还原历史场景或三维场景，如还原史前时代的场景、让学生在虚拟现实中遨游太空等；最后，VR/AR技术能够模拟真人陪练，实现远程教学、学生与模拟真人的交流。

2. 5G推动人工智能应用场景深化

搭载5G网络的人工智能系统能够搜集学生更多、更全面的学习数据，记录每个学生各学习阶段的各种数据。同时人工智能系统能够在课堂上分析和录制教学内容，把控课堂授课进度，在课后也能够将各种统计与分析数据反馈给教师，贯穿学习的各环节。

依托5G技术，人工智能能够更好地与其他技术融合，机器视觉、语音识别等技术会更广泛地渗透到学习的各环节中，并产生更加智能的工具，提升学习过程中各环节的效率。5G将使得人工智能在教育领域的应用范围更加广泛，应用场景更加智慧化。

3. 在线教育更接近线下教育

在5G时代，在线教育的互动形式更加多样，其教学模式更接近线下实时互动的教学模式，这能够给学生带来更好的学习体验，有助于学生提高学习效率。

借助5G网络，在在线授课的过程中师生可实现实时互动，教师可针对学生的提问随时答疑，这与线下学习的形式十分相似。同时，在线教育能够借助人工智能、VR/AR 等技术实现沉浸式的教学场景，教师可有效地观察和督促学生的学习。同时，沉浸式的学习也能够提高学生学习的专注度。

对于教育的发展来说，5G 的融入对其产生重要影响。随着 5G 网络的普及和其与各种先进技术的融合，教学设备、教学内容、教学体系等都将被优化，更具科学性和智能性。

9.3 智能教育发展中的挑战

智能教育的发展存在机遇也存在挑战。人工智能的发展和应用是时代发展的趋势，但是就当前人工智能的发展现状来说，人工智能人才仍存在较大缺口。同时，随着人工智能在教学场景中的应用不断增多，教师在教学中如何与人工智能系统进行更好的配合也是需要解决的问题。此外，智能教育在大数据的支持下对学校、师生等日常工作、学习数据进行分析，在这个过程中，数据的安全性也是智能教育在发展中不得不重视的问题。

9.3.1 智能教育领域存在较大人才缺口

随着教育的智能化发展，教育领域对新兴教育人才的需求也越来越大。但是，我国目前对人工智能人才的培养速度难以跟上人工智能发展的速度，教育领域的人工智能人才更是稀缺。

教育领域是人工智能的一个重要应用领域，两者的深度融合发展，离不开政府和学校的支持。在人工智能人才的培养中，政府的政策支持和资金支持是重要的保障，学校在这个过程中也发挥着重要的作用。

我们应该清楚地认识到，人工智能人才的培养是一个较为长期的过程。在当前的就业市场上，人工智能人才因其相对稀缺而较为抢手。当下人工智能人才的培养相对滞后，相关的措施还未能充分显现效果，智能教育领域仍存在较大的人才缺口。

9.3.2　智能教育中教师角色难以转变

新技术在教育领域的应用中，人与人之间的交互作问题一直是备受关注的。在智能教育时代，新技术的应用会不会削弱师生之间的交互性？会不会不利于学生表达与协作能力的培养？

面对这些问题，研究结果表明，当人类智慧与人工智能相结合时，工作成效显著。例如，研究发现，当通过照片分析淋巴细胞中是否产生了癌细胞时，如果只依靠人工智能来分析，结果的错误率为7.5%；如果只依靠专家来分析，结果的错误率为3.5%；但如果人工智能与专家共同分析，结果的错误率则为0.5%。同样的道理，教师与人工智能系统的协同工作能够更有效地提高工作的科学性和工作的效率。

而在智能教育中存在的问题是，虽然人工智能与教师协同工作能够达到较好的工作效果，但是教师未必能够很好地接受或适应新的教学模式。

此前在翻转课堂和慕课实施时，矛盾已经凸显。一方面，一部分教师，特别是那些教学颇有成效的教师，十分推崇传统的教学模式，他们认为传统的教学模式具备成熟的体系，能够教好学生。这会让新技术的应用和教育模式的变革存在一定困难。

另一方面，即使教师不排斥新技术的应用，他们对于新技术的接受和学习也需要一个长期的过程。同时，在面对一个新事物时，学校对教师进行培训是很有必要的，而培训的欠缺也会造成教师和新技术之间的矛盾。

此外，人工智能系统与教师协同的难点也表现在如何找到一种有效的方法使人工智能系统与教师的协作能够实现最优效率。如何将人工智能系统融入实际教学，使教师与人工智能系统实现最优协作，最大限度地发挥两者的优势，为学生提供更好的教学体验，这也是当前智能教育发展面临的挑战之一。

9.3.3 智能教育中的安全问题

随着 5G 的普及，5G 网络将遍布生活的方方面面，更多的人将体会到网络带来的便利。同时，互联网的发展也使得一些网络问题更加突出，网络暴力、信息泄露、网络欺诈等问题屡禁不止。

随着技术的发展，人们个人信息和隐私的安全性也将受到极大冲击。例如，在新闻报道中，出于对当事人身份或个人信息的保护，电视会将部分文字或当事人的脸部打“马赛克”。但随着技术的发展，这种保护当事人的方法将不再可靠。

研究表明，神经网络通过机器学习方法的训练，可以成功识别图像中被隐藏的信息。在数据库和隐私方面，神经网络识别信息的成功率已超过80%。在模糊图像识别方面，神经网络识别的成功率会下降，但成功率仍然能达到50%。因此，信息的安全性是智能教育发展过程中必须面对的挑战。

人工智能在教育领域的应用过程中，教师个人及教学信息的泄露问题，以及学生网络暴力问题会不会更加严重？尤其是在初级教育阶段，学生对社会并未形成全面的认知，可能更容易受到来自网络的隐性伤害。这些都是智能教育在发展过程中存在的问题。

为此，在这个过程中，政府与学校应加强对智能教育应用的监管，并运用各种先进技术来保护学校及师生的隐私，推动智能教育良性发展。

第10章

智能应对智能教育时代

从人工智能助手到自适应学习系统，从教学模式的多样化发展到个性化教学的实现，人工智能对教育的改变越来越深刻。那么，我们应该如何应对呢？

10.1 智能教育时代，教师角色转变

政府政策的引导、资本的流入、校企之间的合作等都加速了智能教育时代的到来。智能教育的火热发展使得教师在教育改革下的压力也越来越大，技术颠覆了传统的教学模式，这使得教师必须重新定位自己。

10.1.1 教师角色转变的背景及原因

外部环境的改变使教师面临来自方方面面的挑战，教师需要跟随时代发展的趋势转变自身定位。

首先，社会的发展推动知识更新速度越来越快，移动通信技术的发展使得知识得以大规模扩散，知识的共享性越来越强。同时，在线教育依托各种先进技术火热发展，其在与传统课堂的学生资源的争夺战中的优势越来越明显。对学生而言，传统课堂的吸引力越来越低，这对传统课堂及教师提出了变革的要求。

其次，教师角色转变是社会需求转变的体现，也是实现学生全面发展的需要。当前社会对人才素养的需求日趋多样化，工作岗位越分越细，新兴的岗位和职业也在不断涌现。为了适应教育的差异化诉求，教师群体也将逐渐被分化。

再次，标准化教育不能满足学生个性化学习的诉求，这也要求教师必须与时俱进，及时更新教学内容。

随着 5G、人工智能、VR/AR 等技术在教育领域的融合应用，新的教学模式将会不断出现。在未来，教学将打破时间和空间的壁垒，使学生随时随地能够获得优质的教育资源。在这种情况下，教师可能将变成教学中的辅导者，教师在课堂中的地位将会被改变。

总之，教育的内部变革和社会的发展都对教师提出了挑战。要想跟上时代发展的脚步，教师必须重新认知自身的定位，转变自身角色并实现角色的再造。

10.1.2 教师角色的再造

在智能教育时代，教育环境的改变对教师提出了诸多挑战，教师角色的再造将是每一位教师必须面对的考验。

即便有了更多先进技术的支持，教师的工作也不会轻松。尽管人工智能系统能够在备课、教学和课后辅导中为教师提供全面的、科学的统计及分析数据，甚至能够自动生成智能化的解决方案，但教师的任务并不只是传递知识，其更多的职责变成了指导学生的整体发展规划。在未来教学的需求下，教师的角色再造主要表现在以下几个方面，如图 10-1 所示。

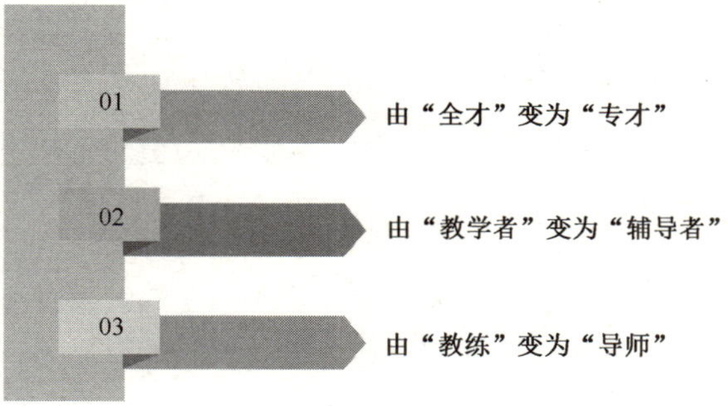

图 10-1　传统教师角色再造的表现

1. 由“全才”变为“专才”

教师角色再造的第一方面表现为教师从“全能型教师”转变为“专业型教师”。此前，教师因为没有专业性的分工，所以教师每天都要进行备课、制作课件、授课、批改作业、组织课外活动等。

而在智能教育时代，学生的个性化需求更加鲜明，教学课程也更加开放。教师不再需要作为单独的个体完成所有的教学任务，而会有教学团队全面支持其完成教学。

教学团队中有专注于课程设计的专家，有负责教学指导的班主任，有设计实践课程的工程实验教师等。同时，数据分析师、学业指导教师等新兴类型的教师也加入了教师团队中。教师团队是多元化的，每个人的工作都有明确的分工。分化的工作将增强教师的专业化素养，从而提高其工作的效率和质量。

2. 由“教学者”变为“辅导者”

教师角色再造的第二方面的表现为教师从“教学者”转变成“辅导者”，教师不再是单向地向学生灌输知识，而是更注重对学生的辅助引导。

一方面，在以往的教学模式中，学生接受的教育都是统一固定的，没有体现学生的意志。未来的教师将不只是传递知识，而更多的是帮助学生去发现自己的学习兴趣，培养他们自主学习的能力。教师不再是传统课堂的中心，而成为学生学习过程中的辅助者。

另一方面，随着各种技术在教学中的应用，教学方式也变得多样，抽象化思维与具象化现实的结合将带给学生更加新奇的学习体验。VR/AR 与教育的结合将极大地创新教学场景，教师不再是知识的输出者，而是一个知识世界的引导者，引导学生探索知识。

3. 由“教练”变为“导师”

教师角色再造的第三方面的表现为教师从“知识的指导者”转变为“指导学生全面发展的导师”。教师的主要任务不再是传递知识，其工作重点将转移到“育人”上。

在当前的学校体系下，教师需要完成教学过程中的各项活动，这使得教师在分析学生个性化问题和进行个性化指导方面会有所欠缺。

而随着技术的发展，人工智能能够更好地完成授课和学习指导的工作。这使得教师能够有更多的时间来充当导师这一角色。教师能够把更多的时间和精力放在学生的心理成长和综合素质的提高等方面，成为指导学生未来发展、给予学生精神激励的导师。

总之，随着人工智能等技术在教育领域应用的逐渐成熟，教师的角色将会被再造。教师的分工将会更加细致，同时教师在工作中的专业性也越来越强。在技术的支持下，教师将成为教学授课的辅助者、成为学生学习的引导者，更加关注学生的心理成长和个性化发展。

10.1.3 教师如何应对自身角色的转变

在技术推动下，教师角色的转变是必然的趋势。那么对于教师而言，应该如何应对自身角色的转变呢？

首先，教师要积极应对时代发展对于教师的冲击。各种智能机器人在教育领域的应用将改变教师传统的工作模式，教师必须树立合作意识，更好地实现人机协同。

同时，为了能够使人机协同的效率实现最优，教师对于技术要抱有开放的心态，通过利用各种先进技术，教师也可以实现自身的发展。人工智能在教育领域的应用不是要取代教师，而是将教师从烦琐的工作中解放出来。人工智能能够简化教师的工作，帮助教师高质高效地完成工作。

其次，教师要正确认识到自身角色的转型，发挥其在学生成长过程中的引导作用。教师要充分认识到在技术融入、资源更加开放共享的教育模式下，自身更重要的身份是学生学习成长中的指导者。教师应更加关注学生的成长，并在他们成长的过程中对他们进行个性化指导。

当前教育仍过于强调知识本身的重要性，在学生的创造性思维、解决问题的能力和价值观的培养等方面的关注度还不够。而对于学生这些方面的培养，都需要教师从整体与细节两个方面来把控。

此外，在教师角色转变的过程中，学校也需要强化自身的变革意识，通过学校与教师的同步转型为教师的角色再造提供支持。教师角色再造是学校转型的重要部分，其与学校的教学体系密不可分，教师的角色也会随着学校的转型而转变。同时，在教师角色转变的过程中，学校需要提供相应的外部条件的支持。教师接受新技术需要一个过程，学校也需要对教师进行相应的培训，鼓励教师积极地参与到教育改革中来。

总之，教师在应对自身角色转变的过程中，要不断学习与智能系统的协作，同时，还要明确自身工作重心的转变，关注学生的全面成长。此外，教师角色的转变与学校的大环境密不可分，教师角色的转变也需要学校方面的支持。

10.2 智能教育时代，教师如何帮助学生学习

在智能教育时代，教师不仅要从思想上接受新技术、新教学模式，认知到自身角色的转变，在实际工作中，也需要改变传统的教学思想和教学手段，帮助学生更加适应新的教育环境，帮助学生更好地成长。

教师要认清教育的发展趋势，摒弃应试教学思维，注重启发式教学；要注重培养学生的 AIQ（人工智能能力指数），培养学生的创新能力；要与学生共同建立“新师徒制”，帮助学生提高学习效率。

10.2.1 创新教学方式，激发学生潜能

在 5G、大数据、物联网等技术与人工智能深度融合的发展过程中，人工智能在教育领域的应用也更加深入。在这种环境下，教师需要借助人工智能应用来完善自己的教学方式，激发学生潜能。

在一些大学，教师指导学生借助人工智能应用培育植物，这种新型的教学方式赢得了许多学生的喜爱。例如，借助融入了人工智

能的智能 LED 灯，学生能够对植物的室内温度进行高精度控制，同时，学生也能够量化控制室内的水分、二氧化碳、光照与肥料。这样就能减少植物在生长过程中受到的外部因素的不利影响，特别是能够避免恶劣的自然环境带来的灾难。

智能 LED 灯设定的光源更符合植物生长的习性，在这样合适的环境下，植物的生长速度能够更快，同时其产量与品质也会得到提高。借助智能 LED 灯，学生既能够学习相应的植物知识，又能间接参与到植物的培育过程中，从而提高实践能力，激发学习的动力。

此外，借助智能 LED 灯培育的果蔬是十分健康的。这是由于所有果蔬的生长过程和生长环境都能够实现智能控制，且果蔬在生长过程中不会受到农药的污染，人们可以放心安全地食用这些果蔬。当学生食用自己种植出来的果蔬时会备感满足，这对学生来说是一种很好的激励。

随着智能教育时代的到来，教师要舍弃以往单调的以口头叙述为主的教学方式，运用各类人工智能应用增加教学过程中的实践与体验环节。新颖的教学方式更能培养学生学习的兴趣、激发学生的潜能。

10.2.2 注重启发式教育，提升学习乐趣

在智能教育时代，学生的学习能力和创新思维的培养是十分重

要的，在这方面，教师需要启发学生自主学习，帮助学生提升学习的乐趣。

释迦牟尼曾说道：“虽然知识可以传授，但智慧却无法传授，因为这一切都需要每个人自己去体悟。”学习也是如此，学生学习的内在动力是其学习进步的关键，教师能做的就是不断启发学生，提升学生探索知识过程中的乐趣，让其通过自我探索，深化对知识的认知。

学生在学习知识时会产生各种各样新奇的想法，教师需要格外关注学生的这些想法，启发其完善自己的想法并根据自己的想法进行实践，从而培养学生的创新思维与创造能力。

美国有一个学习中心，其主要内容是为学生提供编程课程。这个学习中心有一个特点，就是没有教授学生编程知识的教师，只有与学生一起学习的教练。教练是不完全熟知编程知识的，但他们热爱编程，因此，在这个学习中心中，教练会与学生一起学习编程。

该学习中心的教练表示，他自己在干一件非常有意思的事情——与学生一起学习。学习中心对他的要求只有要有热情、有好奇心等，这与一般学校对教师的要求完全不同。

成都也开设了类似的学校，学校里的教师并不需要掌握相应的编程知识，他们日常的工作就是和学生一起学习。在与学生一起学习的过程中，教师可以与学生实现互补，教师以伙伴的身份启发学生，营造一个适合学习的氛围。

这种做法的核心就在于教师需要重新定位自己的角色，与学生一起成长。既然每个学生都有自己的学习方式及特点，那么教师怎样才能更有针对性地启发学生的学习？这就需要教师进行个性化教学。

美国想象力英语之所以风靡全球，很大程度上是因为其能够实现对学生的个性化教学。它拥有先进的人工智能技术，可以依据学生的性格、学习习惯、思维方式等，为学生量身定制学习内容，启发学生自主学习、思考和探索，从而让他们获得学习力。此外，想象力英语不以对错来判断学生的学习成果，而是倡导让学生自己摸索学习，让他们在学习英语的过程中获得自主性和成就感。

启发式教育对于学生而言是十分有益的，教师应注重启发式教育，激发学生的学习兴趣。教师可以从以下 4 个方面激发学生的学习兴趣。

（1）教师需要找到学生学习的驱动力，从驱动力下手培养学生学习的兴趣。

（2）教师应该允许学生试错，学生的想法在产生之初可能并不完善，需要不断地试错才能找到学习的正确方向。

（3）教师应该尊重学生的直觉，学生的直觉可能是学生灵感的源泉，跟随自己的直觉，学生可能会探索到更深层次的知识。

（4）教师需要跟随学生学习的节奏，这样才能更好地把握学生学习的进度，能够在他们遇到瓶颈时及时引导。

智能教育的发展对教师的教学提出了新的要求，同时，社会的智能化发展对人才的综合素养也提出了更高的要求。这使得教师必须更加重视对于学生学习能力的培养，以便其更好地适应未来社会的需要。

10.2.3 培养学生 AIQ，提高创新能力

IQ 想必大家都了解，它是衡量一个人智商的指数，但 AIQ 是什么呢？它是指人工智能能力指数，即一个人运用人工智能技术能力的高低。

不同的时代对人才的要求不同。工业时代重视人才的 IQ，信息时代更加重视人才的 EQ（情绪商数），人工智能时代则更加重视人才的 AIQ。在智能教育时代的浪潮中，培养学生的 AIQ 已经迫在眉睫。

如果将人工智能教育领域中所需的素质总结为“金字塔”模型，那么 IQ 处于金字塔的底端，EQ 处于金字塔中部，AIQ 处于金字塔的顶部。在智能教育时代，学生们不仅需具备 IQ、EQ，还要具备 AIQ。

作为中国创意科教机构的领军者，王作冰对于人工智能教育的发展十分重视，他表示：“人工智能是人类头脑的延伸，就像在工业革命时机械是人类手脚的延伸一样，成功将更加青睐那些擅长与智能机器一同工作的人。”

未来人工智能设备将进行更多重复化、标准化的工作，人工智能在这些工作中的效率也远高于人类。在那时，人们工作的价值是通过运用人工智能技术彰显出来的，因此，现在教师培养学生的AIQ是十分重要的。教师通过培养学生的AIQ，可以有效提高其创新能力，使学生可以通过运用人工智能技术来实现自己的价值。例如，天气预报虽然主要依靠大数据技术进行分析，但其依然需要气象学家的判断，气象学家的工作可以弥补大数据系统的缺失，使天气预报更加准确。

如何培养学生的AIQ呢？学生是在其对人工智能技术的学习中培养并提高AIQ的，在对人工智能学科及编程知识的学习中，学生能够在实践中锻炼自己的创新能力，进而提高自己的AIQ。

教师培养学生的AIQ，提升他们利用人工智能、与人工智能协作的能力，旨在通过人工智能这个载体全面提升学生的综合能力。人工智能时代已经到来，在智能教育中，AIQ或将成为智能教育的新核心，拥有高AIQ的学生更有可能成为新时代的顶尖人才。

10.2.4 建立“新师徒制”，打造师生学习共同体

随着智能教育时代的到来，智能技术的发展为教师创造新的师生关系提供了技术支持。

在传统教学过程中，教师与学生处于半脱钩状态，教师的教育方式呈现一种固定的状态，而每一届学生的情况又有很大差异，

甚至每个学生间的差异也十分明显，因此教师的教学效果难以有所提高。

而借助人工智能系统，教师可以与学生建立更加合理的“新师徒制”，完善自身教学方式，提高学生的学习效率，打造师生学习共同体。例如，人工智能系统可通过机器视觉、语音识别、情绪识别等技术对学生及教师的表情及语音进行分析，并得出相关结果。同时，人工智能系统能够对班级近期的成绩进行大数据分析，从而全面、理性地对教师的教育方式提出相应的改进建议，使教师的授课方式和授课内容更加科学合理。

依据人工智能技术收集、整理和分析的内容，教师可以对学生的能力进行深入挖掘，分析学生学习的潜力。在“新师徒制”中，教师的教学活动是以学生为中心展开的，教师会在人工智能系统的帮助下全面了解学生学习的进度、学习中遇到的问题等，能够及时对学生的学习做出指导，帮助学生解决问题、提高学习效率。

10.3 教育机构如何“乘风而飞”

在智能教育时代，教育机构要跟上时代发展的潮流，积极利用更加先进的人工智能技术来发展自身。在产品方面，教育机构要结合 5G、人工智能、VR/AR 等技术研发新型的教育设备，打造智能教育解决方案，抓住政策机遇，积极进行产品融资。同时，在自身发展方面，教育机构需要培养强大的geek（极客）团队，打造一支营销铁军，掌握智能工业思维，打造智慧企业。

10.3.1 利用新技术研发新型教育设备

随着5G的发展，其与教育行业的结合也将越来越多，利用5G加紧研发教育硬件设备是未来教育机构发展的必然选择，也是教育机构打造核心竞争力的关键。

在线教育是教育机构发展版图中的重要组成部分，5G带来的高质量的视频传输为在线教育提供了技术支持。未来5G网络的普及将推动在线教育的发展和普及，而在线教育体系化的关键就在于教育硬件设备的普及。当然，这里说的教育硬件不仅仅是指当前教育所需的基础硬件设备，更多的是指应用于未来的智能硬件设备，主要包括两个方面的内容。

1. 人工智能教育设备的研发

5G网络的发展推动人工智能的发展，在未来，人工智能应用到教育之中的场景也会越来越多。比如，学生在选择线上教育的课程时，教育机器人可以根据学生预存的资料分析出学生在学科及知识点方面的不足，从而为其定制有针对性的课程教学。

人工智能教育设备可以为学生提供虚拟助教、虚拟陪练服务，帮助学生强化学习，同时，还可以为学生提供专家系统服务，为学生阶段性的学习做出评价。总之，从选课到学习再到学习总结，人工智能教育设备都会为学生提供帮助。

未来，对于人工智能教育设备的研发是教育机构发展的重点之一，人工智能教育设备可以使未来学生的学习更科学、更智能。

2. VR/AR 教育设备的研发

VR/AR 教育可以为学生带来更好的学习体验。VR/AR 教育可以提高学生学习的兴趣，全方位调动学生的感官和思维去学习。学生不仅可以取得更好的学习效果，还会获得更好的学习体验。

借助 VR/AR 设备，学生可以随时随地进行学习，在学习过程中师生可进行有效的互动。这种模式打破了时间和空间的限制，使学习更加自由。

VR/AR 教学的普及是时代发展的趋势，未来，VR/AR 教育设备的研发也是教育机构研发教育硬件设备的重点内容之一。

总之，加紧研发教育硬件设备是教育机构提高自身竞争力的必然要求。教育机构需要积极研发人工智能教育设备、VR/AR 教育设备，抓住机遇才能“乘风而飞”。

10.3.2 与高校合作定向培养人工智能人才

在智能教育时代，教育机构间的竞争注定是人才的竞争，如何抢夺市场中稀缺的人工智能人才，如何满足自身的人才需求是每一个教育机构都需要思考的问题。对于一些实力雄厚的教育机构来说，与高校进行合作培养人工智能人才是十分不错的选择。

校企合作也能够更快地为教育机构培养人工智能人才。通过校企合作，学生在学习中能够受到更加专业的教育，毕业后也能够通过教育机构获得更多实践的机会，这能够为教育机构提供素质更高的人工智能人才。同时，通过校企合作培养的人工智能人才对教育机构也会有更高的企业认同感，对于教育机构而言，更能保证人工智能人才的稳定性。

与高校合作定向培养人工智能人才是教育机构获得高素质人才的有效手段。校企合作能够集中教育机构与高校的教学优势，打造高素质的人工智能人才。

10.3.3 培养强大的geek团队

“geek”也称极客，意思为性格古怪的人。很长一段时间里，西方文化中“geek”的意思以贬义居多，在计算机时代初期，极客逐渐衍生为电脑黑客的贬称，他们虽然拥有超高的技术能力，但由于对计算机及网络的痴迷，有时会做出一些常人难以理解的行为。

但如今，随着互联网的不断发展，曾经一直被视为怪异者的极客开始被推向舞台中央，成为一种积极的代表。极客相信科技的力量，他们具有的超强的技术能力和创造能力，能够产生极大的价值。

智能教育领域内的极客可能是智能教育领域内的专家或对计算机及互联网十分了解、具有超高创新能力的技术人才。这些人的共同点就是对人工智能十分痴迷，热衷于人工智能应用的研发并积极地将研发产品应用于教育领域。这是一群对新事物充满好奇的、以技术为中心的人才。

极客是一群什么样的人呢？他们富有科学精神，热爱探索与创造，对于人云亦云深恶痛绝；他们特立独行，推崇化繁为简，追求产品美学。极客最重视的是创新，这也正是智能教育持续发展的动力。因此，打造强大的 geek 团队对于教育机构而言是十分重要的。一般而言，geek 团队的成员分为 4 种级别，如图 10-2 所示。

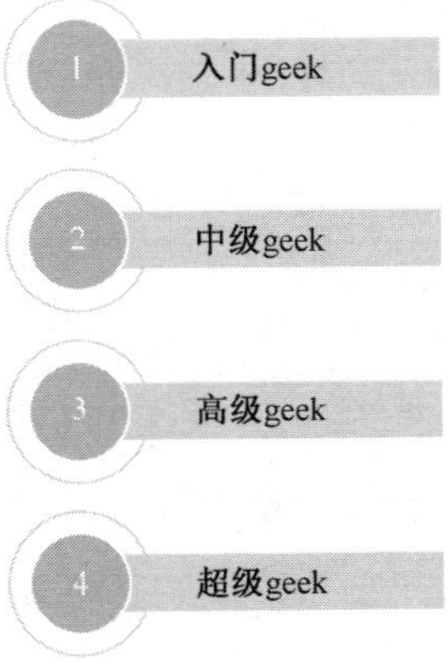

图 10-2 geek 团队成员的级别

1. 入门 geek

这类极客喜欢拆解东西并分析其工作原理，他们对科技设备很感兴趣，喜欢自学使用各种设备，并将大量时间用在对新技术的学习和研究上。

2. 中级 geek

这类极客在学习人工智能技术方面具有极高的天赋，能够解答部分人工智能教育的问题，能够设计出一些简单的人工智能程序。

3. 高级 geek

这类极客具有更全面的人工智能知识。他们具有设计一个智能教育平台所需的综合能力。此外，他们也了解智能教育相关工作的大部分知识并能够将人工智能成功应用到教育领域中。

4. 超级 geek

这类极客相信科技的力量，追求更加先进的科技，具有无限的想象力与极高的创新能力。他们可以快速接受新的知识并进行创造，从而研发出更加先进的产品。

教育机构在培养 geek 团队时可以由浅入深，让这些人才在交流、合作与实践中成长。经过时间的打磨，入门 geek 也可能会成长为高级 geek。

除了内部培养，教育机构也可通过招聘来吸引这类人才。入门 geek 和中级 geek 十分具有活力，乐于分享，团队合作意识强，他们能够为企业带来直接的经济效益。而若有高级 geek 和超级 geek 加入公司，他们必将成为教育机构今后发展的重要竞争力。

10.3.4　利用新技术实现智能营销

除了利用 5G、人工智能等技术研发新的产品，提高自身竞争力，教育机构还需要利用这些先进的技术来完善自身。教育机构要在销售、生产以及物流等层面进行全面的智能升级。只研发出先进的产品是远远不够的，教育机构还要在销售层面下功夫，通过更加先进的营销手段来提高产品的竞争力。在这方面，教育机构利用人工智能来改革传统营销是十分有必要的。

关于智能营销，数字新思的创始人谭北平谈道："经过多年的数字化改造，营销的各个环节都拥有了大量的数据，而这些数据成了人工智能在营销领域发展的基石。"

人工智能与市场营销融合离不开背后大数据技术的加持。各种自媒体平台，如微信、微博，每天都会产生大量的交互性数据。这些数据对教育机构的市场营销人员来说，存在着巨大的价值。

在人工智能高速发展的时代，数据的提取以及信息的分析日益快捷化、自由化。教育机构的市场营销部门借助人工智能工具，能够快速挖掘用户的最新消费需求，从而改进产品的研发与生产，促进产品的创新。同时，这些数据也能够调整和优化市场营销部门的决策。

在实现智能营销方面，大数据技术为数据的搜集、整理提供了技术支持，其具有两个方面的优势。

一方面，大数据技术能够降低收集数据的时间成本，同时提高收集数据的准确性。数据收集效率的提升能够让设计人员获得多元的信息，有助于增加产品设计的创意度，强化营销的核心竞争力。

另一方面，利用大数据技术进行营销能够做到“千人千面”。当大数据技术赋能产品设计后，云计算平台会智能采集、分析用户对产品的功能、价位、外观等需求的多种信息。这样设计出的产品会有多元的风格，从而会吸引更多的用户购买。

对于教育机构而言，利用融合各种新技术的智能营销来变革传统营销是十分重要的。智能营销能够为用户提供更精准的服务，满足用户的核心需求，最终建立产品的竞争优势。

10.3.5 建立智能工业思维，打造智慧企业

要想进一步提高自身的竞争力，除了对营销进行改进，教育机构还要建立智能工业思维，全面打造智慧企业。

打造智慧企业，需要用人工智能来推动企业升级。从整体来看，这需要教育机构在 2 个层面进行升级。

1. 经营管理方面

在人工智能时代，精细化的经营管理才能够使企业的经营顺风顺水。企业的生产部门要实现智能化经营管理，仅仅依靠脑力是远远不够的，还需要大数据的支撑。

借助大数据技术，生产部门能够了解用户的构成、偏好及消费行为，依据对这些数据的分析，生产部门的定价策略将会更科学。同时，依托大数据分析，产品能够在合适的时间与地点卖出最优价格，并能够精准地为不同用户提供最优质的服务。

大数据技术能够有效优化经营管理。传统生产制造中的显著问题是库存积压的问题，这使得企业随时存在现金流断裂的风险，人工智能与大数据在经营管理方面的应用能够有效减少库存。通过智能化的销售预测模型，人工智能系统能够对每类产品在某段时间、某个地区的销量进行预测，进而帮助企业改进生产策略。并且在采购方面，人工智能系统也能通过推荐采购点、显示价格波动等帮助采购人员作出正确的决策。

总之，和传统经营管理模式相比，智能化经营管理能够使决策更科学，能够帮助企业减少库存，获得更多的现金流，提高抗风险能力。

2. 服务转型方面

随着5G、大数据、云计算及人工智能等技术的逐步成熟，教育机构的服务转型也成为大势所趋。依托人工智能和大数据等技术，教育机构在用户服务水平方面也要有所提升。

首先，人工智能系统能够对各渠道的数据进行综合整理及分析，得出科学的分析数据。这使得教育机构能够对用户反馈意见等有清晰的把握，从而有针对性地改进产品或者为用户提供服务。

其次，人工智能系统能够实现对用户反馈意见的实时追踪，并能够将改进进度实时反馈给用户，这能够有效提升用户对于企业的信任度。

总之，在教育机构的发展过程中，利用先进技术改善自身的管理及服务是十分有必要的。教育机构竞争力的提升不仅依托于产品内容的升级，还需要教育机构全方面利用新技术来武装自身，建立智能工业思维，打造智慧企业。

附录

附录A
《新一代人工智能发展规划》
（部分）

战略目标

分三步走：

第一步，到2020年人工智能总体技术和应用与世界先进水平同步，人工智能产业成为新的重要经济增长点，人工智能技术应用成为改善民生的新途径，有力支撑进入创新型国家行列和实现全面建成小康社会的奋斗目标。

——新一代人工智能理论和技术取得重要进展。大数据智能、跨媒体智能、群体智能、混合增强智能、自主智能系统等基础理论和核心技术实现重要进展，人工智能模型方法、核心器件、高端设备和基础软件等方面取得标志性成果。

——人工智能产业竞争力进入国际第一方阵。初步建成人工智能技术标准、服务体系和产业生态链，培育若干全球领先的人工智能骨干企业，人工智能核心产业规模超过1500亿元，带动相关产业规模超过 1 万亿元。

——人工智能发展环境进一步优化，在重点领域全面展开创新应用，聚集起一批高水平的人才队伍和创新团队，部分领域的人工智能伦理规范和政策法规初步建立。

第二步，到 2025 年人工智能基础理论实现重大突破，部分技术与应用达到世界领先水平，人工智能成为带动我国产业升级和经济转型的主要动力，智能社会建设取得积极进展。

——新一代人工智能理论与技术体系初步建立，具有自主学习能力的人工智能取得突破，在多领域取得引领性研究成果。

——人工智能产业进入全球价值链高端。新一代人工智能在智能制造、智能医疗、智慧城市、智能农业、国防建设等领域得到广泛应用，人工智能核心产业规模超过 4000 亿元，带动相关产业规模超过 5 万亿元。

——初步建立人工智能法律法规、伦理规范和政策体系，形成人工智能安全评估和管控能力。

第三步，到 2030 年人工智能理论、技术与应用总体达到世界领先水平，成为世界主要人工智能创新中心，智能经济、智能社会取得明显成效，为跻身创新型国家前列和经济强国奠定重要基础。

——形成较为成熟的新一代人工智能理论与技术体系。在类脑智能、自主智能、混合智能和群体智能等领域取得重大突破，在国际人工智能研究领域具有重要影响，占据人工智能科技制高点。

——人工智能产业竞争力达到国际领先水平。人工智能在生产生活、社会治理、国防建设各方面应用的广度深度极大拓展，形成涵盖核心技术、关键系统、支撑平台和智能应用的完备产业链和高端产业群，人工智能核心产业规模超过 1 万亿元，带动相关产业规模超过 10 万亿元。

——形成一批全球领先的人工智能科技创新和人才培养基地，建成更加完善的人工智能法律法规、伦理规范和政策体系。

附录B

《高等学校人工智能创新行动计划》（部分）

重点任务

（一）优化高校人工智能领域科技创新体系

1. 加强新一代人工智能基础理论研究。聚焦人工智能重大科学前沿问题，促进人工智能、脑科学、认知科学和心理学等领域深度交叉融合，重点推进大数据智能、跨媒体感知计算、混合增强智能、群体智能、自主协同控制与优化决策、高级机器学习、类脑智能计算和量子智能计算等基础理论研究，为人工智能范式变革提供理论支撑，为新一代人工智能重大理论创新打下坚实基础。

2. 推动新一代人工智能核心关键技术创新。围绕新一代人工智能关键算法、硬件和系统等，加快机器学习、计算机视觉、知识计算、深度推理、群智计算、混合智能、无人系统、虚拟现实、自然语言理解、智能芯片等核心关键技术研究，在类脑智能、自主智能、混合智能和群体智能等领域取得重大突破，形成新一代人工智能技术体系；在核心算法和数据、硬件基础上，以提升跨媒体推理能力、群智智能分析能力、混合智能增强能力、自主运动体执行能力、人机交互能力为重点，构建算法和芯片协同、软件和硬件协同、终端和云端协同的人工智能标准化、开源化和成熟化的服务支撑能力。

3. 加快建设人工智能科技创新基地。围绕人工智能领域基础理论、核心关键共性技术和公共支撑平台等方面需求，加快建设教育部前沿科学中心、教育部重点实验室、教育部工程研究中心等创新基地；以交叉前沿突破和国家区域发展等重大需求为导向，促进高校、科研院所和企业等创新主体协同互动，建设协同创新中心；加快国家实验室、国家重点实验室、国家技术创新中心、国家工程研究中心、国家重大科技基础设施等各类国家级创新基地培育；鼓励高校建设新型科研组织机构，开展跨学科研究。

4. 加快建设一流人才队伍和高水平创新团队。支持高校承担国家重大科技任务，培养、造就一批具有国际声誉的战略科技人才、科技领军人才；支持高校组建一批人工智能、脑科学和认知科学等跨学科、综合交叉的创新团队和创新研究群体；支持高校依托国家“千人计划”“万人计划”和“长江学者奖励计划”等大力培养引进优秀青年骨干人才；加强对从事基础性研究、公益性研究的拔尖人才和优秀创新团队的稳定支持。

5. 加强高水平科技智库建设。鼓励、支持高校牵头或参与建设人工智能领域战略研究基地，围绕人工智能发展对教育、经济、就业、法律、国家安全等重大、热点、前瞻性问题开展战略研究与政策研究，形成若干高水平新型科技智库。

6. 加大国际学术交流与合作力度。支持高校新建一批人工智能领域“111 引智基地”和国际合作联合实验室，培育国际大科学计划和大科学工程，加快引进国际知名学者参与学科建设和科学研究；支持举办高层次人工智能国际学术会议，推动我国学者担任相关国际学术组织重要职务，提升国际影响力；支持我国学者积极参与人工智能相关国际规则制定，适时提出“中国倡议”和“中国标准”。

（二）完善人工智能领域人才培养体系

7. 完善学科布局。加强人工智能与计算机、控制、量子、神经和认知科学以及数学、心理学、经济学、法学、社会学等相关学科的交叉融合。支持高校在计算机科学与技术学科设置人工智能学科方向，推进人工智能领域一级学科建设，完善人工智能基础理论、计算机视觉与模式识别、数据分析与机器学习、自然语言处理、知识工程、智能系统等相关方向建设。支持高校在“双一流”建设中，加大对人工智能领域相关学科的投入，促进相关交叉学科发展。

8. 加强专业建设。加快实施“卓越工程师教育培养计划”（2.0 版），推进一流专业、一流本科、一流人才建设。根据人工智能理论和技术具有普适性、迁移性和渗透性的特点，主动结合学生的学习兴趣和社会需求，积极开展“新工科”研究与实践，重视人工智能与计算机、控制、数学、统计学、物理学、生物学、心理学、社会学、法学等学科专业教育的交叉融合，探索“人工智能+X”的人才培养模式。鼓励对计算机专业类的智能科学与技术、数据科学与大数据技术等专业进行调整和整合，对照国家和区域产业需求布点人工智能相关专业。

9. 加强教材建设。加快人工智能领域科技成果和资源向教育教学转化，推动人工智能重要方向的教材和在线开放课程建设，特别是人工智能基础、机器学习、神经网络、模式识别、计算机视觉、知识工程、自然语言处理等主干课程的建设，推动编写一批具有国际一流水平的本科生、研究生教材和国家级精品在线开放课程；将人工智能纳入大学计算机基础教学内容。

10. 加强人才培养力度。完善人工智能领域多主体协同育人机制。深化产学合作协同育人，推广实施人工智能领域产学合作协同育人项目，以产业和技术发展的最新成果推动人才培养改革。支持建立人工智能领域“新工科”建设产学研联盟，建设一批集教育、培训及研究于一体的区域共享型人才培养实践平台；积极搭建人工智能领域教师挂职锻炼、产学研合作等工程能力训练平台。推动高校教师与行业人才双向交流机制。鼓励有条件的高校建立人工智能学院、人工智能研究院或人工智能交叉研究中心，推动科教结合、产教融合协同育人的模式创新，多渠道培养人工智能领域创新创业人才；引导高校通过增量支持和存量调整，稳步增加相关学科专业招生规模、合理确定层次结构，加大人工智能领域人才培养力度。

11. 开展普及教育。鼓励、支持高校相关教学、科研资源对外开放，建立面向青少年和社会公众的人工智能科普公共服务平台，积极参与科普工作；支持高校教师参与中小学人工智能普及教育及相关研究工作；在教师职前培养和在职培训中设置人工智能相关知识和技能课程，培养教师实施智能教育能力；在高校非学历继续教育培训中设置人工智能课程。

12. 支持创新创业。鼓励国家大学科技园、创新创业基地等开展人工智能领域创新创业项目；认定一批高等学校双创示范园，支持高校师生开展人工智能领域创新创业活动；在中国“互联网+”大学生创新创业大赛中设立人工智能方面的赛项，积极推动全国青少年科技创新大赛、挑战杯全国大学生课外学术科技作品竞赛等开展多层次、多类型的人工智能科技竞赛活动。

13. 加强国际交流与合作。在“丝绸之路”中国政府奖学金中支持人工智能领域来华留学人才培养，为沿线国家培养行业领军人才和优秀技能人才；鼓励和支持国内学生赴人工智能领域优势国家留学，加大对人工智能领域留学的支持力度，多方式、多渠道利用国际优质教育资源；依托“联合国教科文组织中国创业教育联盟”，加大和促进人工智能创新创业的国际交流与合作。

（三）推动高校人工智能领域科技成果转化与示范应用

14. 加强重点领域应用。实施“人工智能+”行动。支持高校在智能教育、智能制造、智能医疗、智能城市、智能农业、智能金融、智能司法和国防安全等领域开展技术转移和成果转化，加强应用示范；加强与有关行业部门的合作，推动在教育、文化、医疗、交通、制造、农林、金融、安全、国防等领域形成新产业和新业态，培育一批人工智能技术引领型企业，推动形成若干产业集群和示范区。

15. 推进智能教育发展。推动学校教育教学变革，在数字校园的基础上向智能校园演进，构建技术赋能的教学环境，探索基于人工智能的新教学模式，重构教学流程，并运用人工智能开展教学过程监测、学情分析和学业水平诊断，建立基于大数据的多维度综合性智能评价，精准评估教与学的绩效，实现因材施教；推动学校治理方式变革，支持学校运用人工智能技术变革组织结构和管理体制，优化运行机制和服务模式，实现校园精细化管理、个性化服务，全面提升学校治理水平；推动终身在线学习，鼓励发展以学习者为中心的智能化学习平台，提供丰富的个性化学习资源，创新服务供给模式，实现终身教育定制化。

16. 推动军民深度融合。以信息技术为重点，以人工智能技术为突破口，面向信息高效获取、语义理解、信息运用，以无人系统、人机混合系统为典范，建设军民共享人工智能技术创新基地，加强军民融合人工智能创新研究项目培育，推动高校相关技术创新带动军事优势、信息优势，做到“升级为军，退级为民”。

17. 鼓励创新联盟建设和资源开放共享。鼓励、支持高校联合企业、行业组织、科研机构等建设人工智能产业技术创新联盟，积极参与新一代人工智能重大科技项目的实施和人工智能国家标准体系建设与国际标准制定；支持高校积极参加人工智能开源开放平台建设，鼓励高校对纳入平台的技术作为科研成果予以认定，并作为评价奖励的因素。

18. 支持地方和区域创新发展。根据区域经济及产业发展特点，围绕国家重大部署，加强与京津冀、雄安新区、长三角地区、粤港澳大湾区、东北地区、中西部地区等区域和地方合作，支持高校、政府和企业共建一批人工智能领域协同创新中心、联合实验室等创新平台和新型研发机构，推动高校人工智能领域的基础性、原创性研究与地方、企业需求对接，加速地方转型升级和区域创新发展。

附录 C

教育信息化 2.0 行动计划（部分）

（一）基本目标

通过实施教育信息化 2.0 行动计划，到 2022 年基本实现“三全两高一大”的发展目标，即教学应用覆盖全体教师、学习应用覆盖全体适龄学生、数字校园建设覆盖全体学校，信息化应用水平和师生信息素养普遍提高，建成“互联网+教育”大平台，推动从教育专用资源向教育大资源转变、从提升师生信息技术应用能力向全面提升其信息素养转变、从融合应用向创新发展转变，努力构建“互联网+”条件下的人才培养新模式、发展基于互联网的教育服务新模式、探索信息时代教育治理新模式。

（二）主要任务

继续深入推进“三通两平台”，实现三个方面普及应用。“宽带网络校校通”实现提速增智，所有学校全部接入互联网，带宽满足信息化教学需求，无线校园和智能设备应用逐步普及。“优质资源班班通”和“网络学习空间人人通”实现提质增效，在“课堂用、经常用、普遍用”的基础上，形成“校校用平台、班班用资源、人人用空间”。教育资源公共服务平台和教育管理公共服务平台实现融合发展。实现信息化教与学应用覆盖全体教师和全体适龄学生，数字校园建设覆盖各级各类学校。

持续推动信息技术与教育深度融合，促进两个方面水平提高。促进教育信息化从融合应用向创新发展的高阶演进，信息技术和智能技术深度融入教育全过程，推动改进教学、优化管理、提升绩效。全面提升师生信息素养，推动从技术应用向能力素质拓展，使之具备良好的信息思维，适应信息社会发展的要求，应用信息技术解决教学、学习、生活中问题的能力成为必备的基本素质。加强教育信息化从研究到应用的系统部署、纵深推进，形成研究一代、示范一代、应用一代、普及一代的创新引领、压茬推进的可持续发展态势。

构建一体化的“互联网+教育”大平台。引入“平台+教育”服务模式，整合各级各类教育资源公共服务平台和支持系统，逐步实现资源平台、管理平台的互通、衔接与开放，建成国家数字教育资源公共服务体系。充分发挥市场在资源配置中的作用，融合众筹众创，实现数字资源、优秀师资、教育数据、信息红利的有效共享助力教育服务供给模式升级和教育治理水平提升。

图书在版编目（CIP）数据

5G引爆教育革命：行业趋势+商业模式+案例分析+应对策略 / 李树平，刘陶唐著.
—北京：电子工业出版社，2020.5

ISBN 978-7-121-38648-0

Ⅰ. ①5… Ⅱ. ①李… ②刘… Ⅲ. ①教育现代化 Ⅳ. ①G4

中国版本图书馆 CIP 数据核字（2020）第 035916 号

责任编辑：黄　菲　　　文字编辑：刘　甜
印　　刷：三河市鑫金马印装有限公司
装　　订：三河市鑫金马印装有限公司
出版发行：电子工业出版社
　　　　　北京市海淀区万寿路 173 信箱　　邮编：100036
开　　本：720×1 000　1/16　印张：14.75　　字数：205 千字
版　　次：2020 年 5 月第 1 版
印　　次：2020 年 5 月第 1 次印刷
定　　价：68.00 元

凡所购买电子工业出版社图书有缺损问题，请向购买书店调换。若书店售缺，请与本社发行部联系，联系及邮购电话：（010）88254888，88258888。

质量投诉请发邮件至 zlts@phei.com.cn，盗版侵权举报请发邮件至 dbqq@phei.com.cn。

本书咨询联系方式：1024004410（QQ）。